"十四五"职业教育国家规划教材

汽车机械基础
（第2版）

中国交通教育研究会职业教育分会　组织编写
上海景格科技股份有限公司　技术支持
　　　　　　杜婉芳　主　编
　　李中元　余　炜　副主编

人民交通出版社

北　京

内 容 提 要

本书是"十四五"职业教育国家规划教材,主要内容包括汽车常用材料认知、工程力学一般应用、常用机械传动机构的认知与拆装、简单液压传动回路的连接,共 4 个项目、16 个学习任务。

本书可作为高等职业学校汽车类专业的核心课程教材,也可作为汽车服务人员在职培训教材。

图书在版编目(CIP)数据

汽车机械基础/杜婉芳主编. —2 版. —北京:
人民交通出版社股份有限公司,2024.4(2025.7重印)
ISBN 978-7-114-19482-5

Ⅰ.①汽… Ⅱ.①杜… Ⅲ.①汽车—机械学 Ⅳ.
①U463

中国国家版本馆 CIP 数据核字(2024)第 071063 号

Qiche Jixie Jichu

书　　　名:	汽车机械基础(第 2 版)
著 作 者:	杜婉芳
责任编辑:	张一梅
责任校对:	孙国靖　卢　弦
责任印制:	张　凯
出版发行:	人民交通出版社
地　　　址:	(100011)北京市朝阳区安定门外外馆斜街 3 号
网　　　址:	http://www.ccpcl.com.cn
销售电话:	(010)85285911
总 经 销:	人民交通出版社发行部
经　　　销:	各地新华书店
印　　　刷:	北京市密东印刷有限公司
开　　　本:	787×1092　1/16
印　　　张:	13.5
字　　　数:	305 千
版　　　次:	2019 年 7 月　第 1 版 2024 年 4 月　第 2 版
印　　　次:	2025 年 7 月　第 2 版　第 3 次印刷　累计第 7 次印刷
书　　　号:	ISBN 978-7-114-19482-5
定　　　价:	45.00 元

(有印刷、装订质量问题的图书,由本社负责调换)

高职汽车检测与维修技术专业立体化教材
编 委 会

主　任：魏庆曜

副主任：吴宗保　李　全　解福泉

委　员：陈瑞晶　陈　斌　刘　焰

　　　　高进军　崔选盟　曹登华

　　　　曹向红　官海兵　李　军

　　　　刘存香　缑庆伟　袁　杰

　　　　朱学军

秘　书：钟　媚

前 言

为贯彻落实全国职业教育大会精神,推动现代职业教育高质量发展,中共中央办公厅、国务院办公厅印发《关于推动现代职业教育高质量发展的意见》。深化教育教学改革是其中重要一环,改进教学内容与教材,需要及时更新教学标准,将新技术、新工艺、新规范、典型生产案例及时纳入教学内容。在此背景下,修订《汽车机械基础》教材非常必要。

本套教材以中国交通教育研究会职业教育分会汽车运用工程专业委员会制订的汽车检测与维修技术专业人才培养方案和课程标准为依据,以行业典型工作任务为课程内容参照点,以完整任务为单元组织内容,以任务实施为主要学习方式,满足高职汽车检测与维修技术专业培养技能人才的教学需求,具有以下特点:

1. 思政元素融入化。为落实"立德树人"的根本任务,在教材编写中融入思政元素,着重于学生的实践能力培养,突出敬业精神、工匠精神及责任意识的培养。

2. 学习任务工作化。以任务驱动为导向,按照典型工作任务、完整过程和工作情境设计教学内容。从岗位需求出发,实现教学内容融合工作任务,通过任务实施巩固学习过程,为学生提供全面的学习和培养。

3. 教学内容专业化。在中国交通教育研究会职业教育分会汽车运用工程专业委员会的指导下,组织教育专家设计、行业专家指导、技术专家和职业院校教学专家团队合作编写,保证了教材内容的专业性以及教学理念的先进性。

4. 教材形式立体化。以"高职汽车检测与维修技术专业资源库"为支撑,资源库中含有丰富的动画、视频、优秀图书、论文、知识拓展等素材资源,教材中的相关知识点附近配有二维码,扫码可观看动画或视频资源,并配套了全面的考核项目和海量题库,使课程更加形象化、情景化、动态化、生活化。

5. 课程内容全面化。课程全面覆盖各层次学生学习需求,不仅涵盖重要知识内容和关键操作步骤,而且配套资源库中推荐众多优秀图书、论文、知识拓展链接,为各层次学生精选、设计匹配学习方法,丰富学习渠道,满足学生多种场景学习要求。

6. 教学形式信息化。课程采用教材与网络资源库同步呈现模式,实现网络云端数据访问,教学素材实时更新,满足各院校信息化教学需求。

本套教材是中国交通教育研究会职业教育分会汽车运用工程专业委员会组织,四川交通职业技术学院、广西交通职业技术学院、天津交通职业学院、广东交通职业技术学院、湖北交通职业技术学院、江西交通职业技术学院、陕西交通职业技术学院、北京交通运输职业学院、河南交通职业技术学院、贵州交通职业技术学院、湖南交通职业技术学院、上海交通职业技术学院(院校排名不分先后)及上海景格科技股份有限公司深度合作,在行业专家、教学专家的指导下共同开发的"汽车类专业教学资源库"配套教材。希望通过本套教材的使用,使学生能够具备良好的职业素养学到扎实的基础知识、练就娴熟的专业技能、掌握实践操作经验,让学生决胜于职场,创造出一个美好的未来。

《汽车机械基础(第2版)》是本套教材中的一本,与传统同类教材相比,本书以实用性、科学性、针对性为特色。每个学习任务设置任务描述、知识准备、任务实施等环节,培养学生收集和处理信息的能力、分析和解决问题的能力、实践动手的能力以及交流合作的能力,激发学生勤于实践、乐于探究的科学精神,形成严谨、务实、求真的科学态度。

全书内容精练、重点突出,以工程实际任务引领课程内容,体现职业教学工学结合要求;教学内容循序渐进,采用大量图文结合形式,降低学习难度;选择例题与配套的练习,注重培养学生思考问题、分析问题、解决问题的能力。本书的编写分工为:上海市现代职业技术学校的余炜编写了项目一;上海交通职业技术学院的杜婉芳编写了项目二、项目四,李中元编写了项目三。全书由杜婉芳担任主编,李中元、余炜担任副主编。

在本书的编写过程中,作者参阅了大量国内外文献,引述文献尽量予以标注,但难免存在疏漏,在此对文献作者一并致谢。

由于作者水平有限,加上时间仓促,书中疏漏与不妥之处在所难免,敬请有关专家和读者批评指正。

作 者
2024 年 2 月

目 录

项目一　汽车常用材料认知 ·· 1
　学习任务1　认知材料性能 ··· 2
　学习任务2　认知金属材料 ··· 9
　学习任务3　认知非金属材料 ··· 28

项目二　工程力学一般应用 ·· 40
　学习任务1　分析与简单计算构件平面受力 ··· 40
　学习任务2　计算刚体定轴转动的转速、转矩和功率 ······························ 60
　学习任务3　分析构件变形的基本类型 ··· 64

项目三　常用机械传动机构的认知与拆装 ··· 85
　学习任务1　认知平面连杆机构 ··· 86
　学习任务2　认知凸轮机构 ··· 96
　学习任务3　认知与拆装带传动机构 ··· 102
　学习任务4　认知与拆装齿轮机构和轮系 ··· 112
　学习任务5　认知与拆装轴系部件 ··· 129
　学习任务6　认知标准连接件 ··· 144

项目四　简单液压传动回路的连接 ·· 159
　学习任务1　认知液压传动基本原理 ··· 160
　学习任务2　简单方向控制回路的连接 ··· 166
　学习任务3　简单压力控制回路的连接 ··· 183
　学习任务4　简单速度控制回路的连接 ··· 193

参考文献 ·· 205

项目一　汽车常用材料认知

 项目概述

材料是人类生产和生活所必需的物质,人类社会的发展伴随着各种材料的不断开发和利用。在现代社会里,材料、能源、信息被称为现代技术的三大支柱,而能源和信息的发展,在某种程度上又依赖于材料的进步。因此,材料科学的发展在现代工业社会中占举足轻重的地位。

汽车常用材料有成千上万种,在图样、技术文件或生产现场看见符号,就能了解材料的性能与用途,需要在学习中善于寻找规律并归类,能比较同类零件应用不同材料的优劣,并理解汽车上典型零件的选材理由。

 知识目标

1. 了解材料在汽车发展中的地位和作用。
2. 掌握材料的分类及性能。
3. 了解常用金属材料的热处理工艺、特点及应用。
4. 掌握汽车常用金属材料牌号、性能和汽车上的应用。
5. 掌握汽车常用非金属材料分类、代号、性能和汽车上的应用。

 技能目标

1. 能够区分材料所受的外载荷。
2. 能识读常用金属材料的牌号并分析典型汽车零件。
3. 能举例采用铝合金制造的汽车零部件。
4. 能识读非金属材料的代号并分析典型汽车零件。

素养目标

1. 树立正确的劳动观念,培养良好的劳动习惯。
2. 弘扬工匠精神,塑造精益求精的品质。

学习任务1 认知材料性能

任务描述

飞机的零件不仅要求材料轻,同时要求必须有足够的强度以抵抗气流的冲击。坦克的履带与挖掘机的铲齿都要求材料不仅硬,还要耐磨损。变速器的齿轮不仅要求表面硬度高,而且芯部要具有足够的韧性。如此,这些要求怎么来达到呢?让我们来了解一下材料性能。

任务目标

1. 能描述材料的分类。
2. 能描述材料的性能。
3. 能自觉弘扬劳动精神、奋斗精神、奉献精神。

建议学时:2学时。

知识准备

一、材料的分类

金属材料、陶瓷材料以及高分子材料为现代工业三大固体工程材料。金属材料由于其性能好、品种多,是目前汽车上应用最广泛的工程材料。工业上,通常将金属材料分为两大类:黑色金属和有色金属。黑色金属是指钢铁材料,有色金属是指除了钢铁材料以外的其他所有金属材料,如铜、铝、镁、钛、锡及其合金。陶瓷材料分传统陶瓷与特种陶瓷,高分子材料有塑料、橡胶、合成纤维、粘合剂及涂料等。

二、材料的性能

材料的性能包括使用性能和工艺性能。

使用性能是指零部件在正常条件下材料所表现出来的性能,包括物理性能、化学性能、力学性能。

工艺性能是指材料在各种加工过程中适应加工的性能。

1. 材料的物理性能

材料的物理性能是指材料的固有属性。

1)密度

密度指单位体积物质的质量,用符号 ρ 表示,单位为 kg/m^3。

轻金属即密度小于 $5.0 \times 10^3 kg/m^3$,如铝、镁、钛及其合金。

重金属即密度大于 $5.0 \times 10^3 kg/m^3$,如铁、铅、钨。

非金属材料密度相对更小,如陶瓷的密度为 $2.2 \times 10^3 \sim 2.5 \times 10^3 kg/m^3$,塑料的密度则

材料的性能　材料的物理性能

多数为 $1.0 \times 10^3 \sim 1.5 \times 10^3 \text{kg/m}^3$。在实际生产中,一些零部件的选材必须考虑材料的密度,如汽车发动机中的活塞要求采用质量轻、运动时惯性小的材料,因此,活塞多采用低密度的铝合金制成。

2) 熔点

熔点指材料由固态向液态转变的温度。

各种金属都具有固定的熔点。熔点高的金属,如钨、钼、铬等常用来制造耐高温的零件,如汽车发动机排气阀。熔点低的金属,如锡、铅、锌等常用来制造熔断丝等零件。非金属材料中,陶瓷材料的熔点一般都显著高于金属及其合金的熔点,而高分子材料、复合材料一般没有固定的熔点。

3) 导热性

材料的导热性是指材料传导热量的能力,常用导热率 λ 表示,单位为 W/(m·K)(其中,W 是热功率单位,m 是长度单位,K 为绝对温度单位)。材料的导热率越大,导热性越好。

纯金属中,银的导热性最好。金属越纯,导热性越好。金属与合金的导热性远好于非金属。

4) 导电性

材料传导电流的能力称为导电性,常用电阻率来衡量,用符号 ρ 表示,单位为 $\Omega·\text{m}$。金属中,银导电性最好,铜、铝次之。合金的导电性较纯金属差。在非金属材料中,高分子材料通常都是绝缘体,而导电高分子材料一般都是复合材料。陶瓷材料在一般情况下是良好的绝缘体,但某些特殊成分的陶瓷,如压电陶瓷,却是具有一定导电性的半导体材料。

5) 热膨胀性

热膨胀性是指材料随着温度的变化产生膨胀、收缩的特性。

陶瓷的热膨胀系数最低,金属次之,高分子材料最高。

6) 磁性

材料能被磁场吸引或磁化的性能称为磁性或导磁性。目前,应用较多的磁性材料有金属和陶瓷两类。

2. 材料的化学性能

材料的化学性能是指材料抵抗周围介质侵蚀的能力。

材料的化学性能

1) 耐蚀性

材料在常温下抵抗周围介质(如大气、燃气、水、酸、碱、盐)腐蚀的能力称为耐蚀性。碳钢、铸铁耐腐蚀性较差,钛及其合金、不锈钢耐腐蚀性较好,铝和铜也有较好的耐腐蚀性。因此,对金属制品的腐蚀防护十分重要。对于汽车上易腐蚀的零部件,一方面采用耐腐蚀性好的不锈钢、铝合金等材料制造,另一方面要采用适当的涂料进行涂覆,起到防腐蚀、填平锈斑的作用。

大多数高分子材料都具有优良的耐蚀性。如被誉为塑料王的聚四氟乙烯,不仅耐强酸、强碱,甚至在沸腾的王水中性能也非常稳定。

2) 抗氧化性

材料在高温下抵抗氧化的能力称为抗氧化性,又称热稳定性。在钢中加入 Cr、Si 元素,可大大提高钢的抗氧化性。如在高温下工作的内燃机排气门等汽车零部件,就是采用抗氧化性好的 $4Cr_9Si_2$ 材料来制造的。

3. 材料的力学性能

材料的力学性能指材料在外载荷作用下所表现出来的性能,又称机械性能,包括强度、塑性、硬度、韧性、疲劳强度和断裂韧度。

载荷指金属材料在加工及使用过程中所受的外力。要研究材料的力学性能,必须先了解零件所承受的载荷性质和作用方式。根据载荷性质的不同,可以分为静载荷、冲击载荷、交变载荷。

(1)静载荷指载荷的大小和方向不变或变动极缓慢的载荷。例如,汽车在静止状态下,车身对车架的压力。

(2)冲击载荷指以较高速度作用于零部件上的载荷。例如,汽车在不平道路上行驶,车身对悬架的冲击。

(3)交变载荷指大小和方向随时间发生周期性变化的载荷。例如,运转中的发动机曲轴、齿轮等零部件所承受的载荷。

1)强度

强度指金属抵抗塑性变形或断裂的能力。强度的大小通常用应力来表示。

σ_s 称为屈服强度,是表示材料力学性质的一项重要数据,一般是确定材料的许用应力。对于 Q235 钢,$\sigma_s = 240$ MPa。

σ_b 称为抗拉强度,是设计和选材的主要依据之一。对于 Q235 钢,σ_b 约为 400MPa。

屈强比 = σ_s/σ_b,屈强比越大,材料越能发挥潜力,取 0.65 ~ 0.75。

比强度 = σ_b/ρ,某些工程塑料比强度比钢铁还高。

强度是机械设计和选材的重要依据。

2)塑性

塑性指断裂前金属材料产生永久变形的能力。

材料的塑性指标见式(1-1)、式(1-2)。

伸长率:
$$\delta = \frac{l_1 - l}{l} \times 100\% \tag{1-1}$$

式中:l_1——拉断后长度;

l——原长度。

断面收缩率:
$$\psi = \frac{A - A_1}{A} \times 100\% \tag{1-2}$$

式中:A_1——断口处截面积;

A——原面积。

Q235 钢的伸长率 δ 为 20% ~ 30%,断面收缩率 ψ 约为 60%。

在工程上,根据断裂时塑性变形的大小,通常把 δ 大于或等于 5% 的材料称为塑性材料,如钢材、铜、铝等；把δ小于5%的材料称为脆性材料，如铸铁、砖石等。必须指出，上述划分是以材料在常温、静载和简单拉伸的前提下所得到的δ为依据，而温度、变形速度、受力状态和热处理等，都会影响材料的性质。材料的塑性和脆性在一定条件下可以相互转化。

工程上常用的轴、齿轮和连杆等零件，由于承受的不是静载荷，因而制造这些零件的材料，除了要有足够的强度外，还需要有足够的塑性指标值。

塑性是金属材料进行塑性加工的必要条件，是零件安全使用的可靠保证。

金属材料的δ、ψ越大，塑性越好。材料的塑性对零件的加工和使用具有十分重要的意义。例如，塑性好的材料（如低碳钢、黄铜）容易变形，适于压力加工、焊接生产，且工艺过程简单，质量容易控制。此外，重要的受力零件也要求具有一定塑性，以防止超载时发生断裂。

3）硬度

材料抵抗其他硬物压入其表面的能力称为硬度。硬度是衡量材料软硬程度的指标。

4）韧性

材料抵抗冲击载荷的能力称为韧性，实质上是指材料在受到冲击载荷而断裂之前吸收能量并进行塑性变形的能力。一些汽车零部件，如内燃机的活塞销、连杆、变速器齿轮等，在工作过程中往往受到以一定速度作用于零件上的冲击载荷。冲击载荷的加速度大，作用时间短，使材料在受冲击时，应力分布和变形很不均匀，易产生损坏。

5）疲劳强度

发动机曲轴、齿轮、弹簧及轴承等许多零件，都是在交变载荷下工作的。承受交变应力的零件，在工作应力低于材料的屈服强度的情况下较长时间工作时，会产生裂纹或突然断裂，这种现象称为疲劳失效或疲劳破坏。

由于疲劳失效的突然性，无论是何种材料，在失效前都不会出现明显的塑性变形，不易觉察，而且引起疲劳失效的应力很低，故疲劳失效的危险性很大，特别是对于重要机件，如汽车半轴、发动机曲轴等，往往会造成灾难性事故。据统计，有80%以上的机械零件失效属于疲劳破坏，疲劳失效也是汽车零件中最常见的一种失效形式。因此，对材料疲劳失效的预防是十分必要的。

材料抵抗疲劳断裂的能力用疲劳强度来表征。

4. 材料的工艺性能

汽车上大多数零件是采用金属材料制造的。金属材料的工艺性能指金属材料在工艺过程中所具有和表现出来的性能。它与金属的物理性能、化学性能和力学性能有关，也与温度、受力状态和成形条件等环境条件有关。金属材料的工艺性能包括铸造性能、锻造性能、焊接性能、切削加工性能和热处理工艺性能。

1）铸造性能

金属材料铸造成形获得优良铸件的能力称为铸造性能。铸造性能是指金属在铸造成形过程中所表现出来的能力。轿车上的曲轴、凸轮轴、转向器壳体、缸套等均为铸造而成。设计铸件时，必须考虑材料的铸造性能。铸造性能好，可以铸造出形状准确、结构复杂、强度较高的铸件，并可简化工艺过程，提高成品率。

2)锻造性能

金属的锻造性能指材料对采用压力加工方法成形的适应能力,这是衡量材料通过塑性加工获得优质零件难易程度的工艺性能。金属的锻造性好,表明该金属适合于塑性加工成形;锻造性差,说明该金属不宜选用塑性加工方法成形。例如,纯铁比碳钢的锻造性能好;铸铁的锻造性能则很差,根本不能采用锻造工艺加工;铜合金、铝合金在室温状态下就有良好的锻造性能。所以,发动机中的曲轴、连杆、齿轮等在交变载荷下工作的零件,不用材料直接切割加工,而是先将棒料锻造成毛坯,使纤维方向与主应力方向相一致然后再切削成形。

3)焊接性能

焊接性能指金属材料在一定的焊接工艺条件下,获得优质焊接接头的难易程度。金属材料的焊接性能不是一成不变的。同一种金属材料,采用不同的焊接方法、焊接材料和焊接工艺(包括预热和热处等),其焊接性能可能有很大差别。例如,在通常情况下钛及其合金的焊接是比较困难的,但自从氩弧焊技术应用且较成熟以后,钛及其合金的焊接结构已在航空领域广泛地应用。铜合金和铝合金的焊接性能都较差。灰铸铁的焊接性能很差。

4)切削加工性能

切削加工性能指对材料进行切削加工的难易程度和切削加工后的表面质量。金属材料具有适当的硬度(170~230HBS)和足够的脆性时,切削性能良好。

5)热处理性能

热处理性能是指金属进行热处理时所表现出来的性能,一般可以通过热处理来提高金属材料的力学性能。

总之,世界上不存在什么性能都好的材料。要充分认识材料,了解材料的性能,知道不同场合应用不同性能的材料,做到物尽其用,材尽其能。

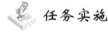 任务实施

一、任务准备

1. 组织方式

(1)场地设施:智慧教室。

(2)工具:纸、笔、工作页。

(3)实施方式:将学生6~8人分为一组进行分组讨论。每组派出代表进行汇报,教师指导点评。

2. 操作要求

(1)指导教师严格限制讨论时间,小组分工要明确。

(2)分析和表述问题逻辑清晰。

(3)遵守秩序,注意安全。

二、操作步骤

(1)发动机曲轴如图1-1所示。描述发动机曲轴通常会发生何种破坏。

（2）齿轮如图1-2所示。描述齿轮通常会发生何种破坏。

（3）描述材料的使用性能与强度指标，要求语言表达热情、真诚、流畅。

图1-1　发动机曲轴

图1-2　齿轮

三、任务测评

任务测评表见表1-1。

任务测评表　　　　　　　　　　　　　　　　表1-1

班级		姓名		日期		自评	互评	教师
1. 能正确解答基础知识								
2. 能描述材料使用性能、强度指标								
3. 能描述发动机曲轴通常会发生何种破坏								
4. 能描述齿轮通常会发生何种破坏								
个人总结								
总体评价					教师签名			

 任务小结

（1）材料的性能包括使用性能和工艺性能。使用性能指零部件在正常条件下材料所表现出来的性能，包括物理、化学、力学性能；工艺性能指材料在各种加工过程中适应加工的性能。

（2）材料的物理性能是指材料的固有属性。材料的化学性能是指材料抵抗周围介质侵蚀的能力。

（3）材料的力学性能指材料在外载荷作用下所表现出来的性能，又称机械性能，包括强度、塑性、硬度、韧性、疲劳强度和断裂韧度。

（4）强度指金属抵抗塑性变形或断裂的能力，是机械设计和选材的重要依据。强度的大小通常用应力来表示，一般零件的许用应力必须小于屈服强度。无明显屈服点的零件，许用应力小于抗拉强度。对于弹性元件，其许用应力应小于弹性极限。

(5)塑性是指断裂前金属材料产生永久变形的能力,是金属材料进行塑性加工的必要条件,是零件安全使用的可靠保证。

(6)材料抵抗其他硬物压入其表面的能力称为硬度。硬度是衡量材料软硬程度的指标。

(7)材料抵抗冲击载荷的能力称为韧性,实质上是指材料在受到冲击载荷而断裂之前吸收能量并进行塑性变形的能力。

(8)承受交变应力的零件,在工作应力低于材料的屈服强度的情况下较长时间工作时,会产生裂纹或突然断裂,这种现象称为疲劳失效或疲劳破坏。材料抵抗疲劳断裂的能力用疲劳强度来表征。

(9)材料抵抗裂纹扩展断裂的能力称为断裂韧度。断裂韧度是材料固有的力学性能指标,与裂纹的大小、形状、外加应力等无关,主要取决于材料的成分、内部组织结构。

(10)金属材料的工艺性能包括铸造性能、锻造性能、焊接性能、切削加工性能和热处理工艺性能。

习题

一、判断题

1. 重金属密度大于 $5.0 \times 10^3 kg/m^3$,如铁、铅、钨。( )
2. 材料的冲击韧度与温度无关。( )
3. 金属材料的工艺性能与金属的物理性能、化学性能和力学性能有关,也与温度、受力状态和成形条件等环境条件有关。( )
4. 材料抵抗其他硬物压入其表面的能力称为硬度。硬度是衡量材料软硬程度的指标。( )
5. 伸长率 δ 大于 5% 的材料是脆性材料。( )
6. 弹性变形是随载荷的作用而产生,随载荷的去除而消失的变形;塑性变形是不能随载荷的去除而消失的变形。( )
7. 汽车零件产生疲劳破坏的原因是材料表面或内部有缺陷(如夹杂、划痕、夹角等)。( )
8. 金属材料在载荷作用下抵抗弹性变形的能力称为强度。( )

二、选择题

1. 下列指标中,( )是材料的化学性能。
   A. 耐腐蚀性　　　　B. 密度　　　　　　C. 导热性　　　　　D. 导电性
2. 金属铝、镁属于( )。
   A. 非金属材料　　　B. 轻金属　　　　　C. 重金属　　　　　D. 高分子材料
3. 断面收缩率 ψ 属于材料的( )。
   A. 强度指标　　　　B. 韧性指标　　　　C. 塑性指标　　　　D. 硬度指标
4. 承受交变应力的零件,在工作应力低于材料的屈服强度的情况下较长时间工作时,会产生裂纹或突然断裂,这是( )。
   A. 冲击破坏　　　　B. 硬度不够　　　　C. 塑性不够　　　　D. 疲劳破坏

5. 一般零件的许用应力必须小于( )。
   A. 弹性模量　　　B. 屈服强度　　　C. 弹性极限　　　D. 硬度极限
6. 汽车的曲轴、齿轮、轴承、弹簧等零件,在工作过程中各点的应力为( )。
   A. 不变的应力　　B. 逐渐增大的应力　C. 交变应力　　　D. 许用应力
7. 金属材料在各种物理条件作用下所表现出的性能称为( )性能。
   A. 物理　　　　　B. 力学　　　　　C. 化学　　　　　D. 综合
8. ( )并不是金属材料的使用性能。
   A. 力学性能　　　B. 物理性能　　　C. 化学性能　　　D. 工艺性能

三、简答与计算题

1. 材料如何分类?

2. 材料有哪些性能?

3. 材料的力学性能是指哪些指标?

4. 一根标准拉伸试样的直径为 10mm、标距长度为 50mm。拉伸试验时测出试样在 26000N 时屈服,出现的最大载荷为 45000N,拉短后的标距为 58mm,断口出直径为 7.75mm,试计算 σ_s、σ_b、伸长率 δ、断面收缩率 ψ。

学习任务2　认知金属材料

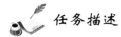

任务描述

有人形象地说,钢铁材料是汽车工业的"骨骼",有色金属材料则是汽车工业的"维生素"。金属材料是现代社会的物质基础,是高科技发展的支柱产业,总量丰富,储量可观,品种齐全,资源配套程度高,在汽车上的应用有后桥减速齿轮、气门挺柱、半轴、发动机活塞、风扇等,我们将通过汽车部分零部件的拆装,来认知金属材料。

 **任务目标**

1. 能描述金属材料的分类、牌号、性能和用途。
2. 能分析发动机曲轴制造材料。
3. 能分析发动机气门室罩盖材料。
4. 能自觉弘扬劳动精神、奋斗精神、奉献精神。

建议学时:4学时。

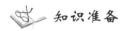 **知识准备**

金属材料的分类

金属材料是现代机械制造最主要的材料,钢铁材料目前仍是汽车工业的主体,它们占汽车用材总量的65%~70%。最常用的合金有铁碳合金,如碳素钢、合金钢、灰铸铁等,还有铜合金和铝合金,如黄铜、青铜、铝硅合金等。下面我们介绍这几类常用的金属材料及热处理。

一、钢的普通热处理工艺

1. 热处理

热处理指将固态金属或合金在一定介质中加热、保温和冷却,以改变材料整体或表面组织,从而获得所属性能的工艺。热处理大量应用于钢铁材料,使钢的组织结构发生变化,改善了钢的加工工艺性能和力学性能。

2. 退火

退火指钢制零件加热后经过足够时间的保温,然后缓慢冷却的热处理工艺。退火的目的是:降低硬度以利于切削加工;提高塑性以利于塑性加工成形;细化晶粒以提高力学性能;消除应力以防止工件变形或开裂。退火种类多,但缓慢冷却是它们的共同特点。没有说明退火的加热温度是多少,也就是说由于退火温度不同,退火种类很多。退火一般作为改善工艺性能的预先热处理。退火种类有:

(1)完全退火;
(2)球化退火;
(3)去应力退火;
(4)等温退火。

3. 正火

钢制毛坯加热到上临界温度以上某一温度,再保温后在空气中冷却的热处理工艺,称为正火。正火在空气中冷却速度比退火快,所以,正火后硬度高于完全退火后的硬度。与完全退火相似,正火也可以消除钢的某些组织缺陷、消除内应力和细化组织。

4. 淬火

钢制零件加热到临界温度以上,保温后快速冷却(大于临界冷却速度)的工艺称为淬火。淬火介质有盐水(碱水)、油或双液淬火。

5. 回火

淬火钢重新加热到临界温度以下某一温度并保温一段时间的工艺称为回火。回火的目的是：降低或者消除淬火所产生的内应力；牺牲部分淬火得到的硬度，换取较高的塑性、韧性。应该特别指出，回火组织的综合力学性能比正火或退火组织都要高得多。

二、碳钢

全球汽车工业的发展趋势是减重节能。因此，为了实现汽车轻量化，各汽车制造厂家都扩大了铝、镁合金和塑料在汽车上的应用。尽管如此，钢铁材料目前仍是汽车工业用材的主体。

1. 常规元素对碳钢性能的影响

在实际生产中使用的碳钢，不单纯是铁和碳组成的合金，还包含有一些杂质元素，其中常规的杂质元素主要有硫、磷、锰、硅四种，它们对碳钢的性能有一定的影响。

1）硫的影响

硫是在炼钢时由矿石和燃料带入钢中的，当钢加热到1000～1200℃时，将造成钢材在热加工过程中开裂，使钢材变得极脆，这种现象称为热脆性。硫对钢的焊接也有不良的影响，会导致焊缝的热裂现象；对于铸钢件，含硫量高时，也会出现热裂现象。因此，必须严格控制钢中硫的含量（W_S），一般为$W_S<0.065\%$。

但是，硫的存在可改善钢的切削加工性能，所以，在制造一些要求低强度的零件时，可采用含硫相对较高的易切削钢。

2）磷的影响

磷是由矿石带入钢中的。室温下，钢中的磷能使钢的强度、硬度增加，但也使其室温特别是低温时塑性和韧性大大下降，这种现象称为冷脆性。磷的冷脆性有时也可以被利用。例如，在钢中适当提高磷的含量，可改善其切削加工性能；在炮弹钢中加入较多的磷，可使炮弹爆炸时的碎片增多，提高杀伤力。

3）锰的影响

锰是由于炼钢时用锰铁脱氧而残留在钢中的。碳钢中锰的含量一般在0.25%～0.8%之间。锰的存在能提高钢的强度。

4）硅的影响

硅是由于炼钢时用硅铁脱氧而残留在钢中的。在碳钢中，硅的含量一般在0.17%～0.37%之间。硅的存在具有固溶强化作用，但同时降低钢的韧度和塑性。

2. 碳钢的分类

碳钢的分类方法很多，常用的分类方法有以下几种。

1）按化学成分分类

（1）碳素钢：低碳钢（碳含量≤0.25%）；中碳钢（0.25%＜碳含量＜0.60%）；高碳钢（碳含量≤0.60%）。

（2）合金钢：低合金钢（合金元素总含量≤5%）；中合金钢（合金元素总含量为5%～

10%);高合金钢(含金元素总含量>10%)。

2)按钢的质量等级(主要根据硫、磷的含量)分类

(1)普通钢:硫含量≤0.055%,磷含量≤0.045%。

(2)优质钢:硫含量≤0.040%,磷含量≤0.040%。

(3)高级优质钢:硫含量≤0.030%,磷含量≤0.035%。

(4)特级优质钢:硫含量≤0.025%,磷含量≤0.030%。

3)按用途分类

(1)碳素结构钢:用于制造各种机器零件和工程结构件,多为低碳钢和中碳钢。

(2)碳素工具钢:用于制造各种刀具、量具和模具,多为高碳钢。

另外,工业用钢按冶炼方法的不同,可分为平炉钢、转炉钢和电炉钢等;按炼钢的脱氧程度又可分为沸腾钢、镇静钢和半镇静钢。

3. 碳钢的编号、性能和用途

我国现行两个钢铁产品牌号表示方法的标准为《钢铁产品牌号表示方法》(GB/T 221—2008)和《钢铁及合金牌号统一数字代号体系》(GB/T 17616—2013)。这两个标准同时使用。

1)碳素结构钢

碳素结构钢的牌号由代表屈服点的字母(Q)、屈服点的数值(单位 MPa)、质量等级符号(A、B、C、D)组成,A、B、C、D 质量等级依次提高,若在牌号后面标注字母"F"则为沸腾钢,标注"b"则为半镇静钢,不标注"F""b"则为镇静钢。

碳素结构钢的规定牌号有 Q195、Q215、Q235、Q255 和 Q275 五种。这类钢的碳含量较低,而硫、磷等有害元素和其他杂质含量较多,故强度不够高。但这类钢塑性、韧性好,焊接性能优良,冶炼简便,成本低,使用时一般不进行热处理,普通碳素结构钢在汽车上常用于制造传动轴间支架,发动机前、后支架(图1-3、表1-2)。

图1-3 发动机前、后支架

普通碳素结构钢在汽车上的应用   表 1-2

牌号	零件名称
Q235-A	百叶窗联动杠杆、传动轴中间轴承支架等
	发动机前后支架、后视镜支杆、油底壳加强板等
Q235-AF	机油滤清器凸缘、固定发电机用连接板、前钢板弹簧夹箍、后视镜支架等
Q235-B	三、四、五挡同步器锥盘、差速器螺栓锁片等
	车轮轮辐、轮辋、驻车制动操纵杆棘爪与齿板等
Q235-B.F	放水龙头手柄夹持架、消声器、后支架、百叶窗叶片等

2)优质碳素结构钢

优质碳素结构钢碳含量一般为 0.05%~0.9%。与碳素结构钢相比,其硫、磷及其他有

害杂质含量较少,因而强度较高,塑性和韧性较好,通常还经过热处理来进一步调整和改善其性能,因此应用最为广泛,适用于制造较重要的机器零件。

优质碳素结构钢的牌号用两位数字表示,该数字表示钢中含碳量的万倍,如牌号 45 表示碳含量为 0.45%。对于较高锰含量(碳含量为 0.7%~1.2%)的优质碳素结构钢,则在对应牌号后加"Mn"表示,如 45Mn、65Mn 等,性能较相应牌号的普通锰含量钢(碳含量为 0.35%~0.8%)的优质碳素结构钢为好,举例如下。

45:表示为优质碳素结构钢,平均碳含量为 0.45%。

65MnA:表示为增加含锰量的高级优质碳素结构钢,平均碳含量为 0.65%,A 即高级优质碳素结构钢。

08F:表示为优质碳素结构钢,沸腾钢,平均碳含量为 0.08%。

(1)低碳钢:碳含量为 0.15%~0.25%,常用的为 20 钢,其强度较低,但塑性、韧性较好,切削加工性能和焊接性能优良,可直接用来制造各种受力不大,但要求较高韧性的零件以及焊接件和冷冲件,如汽车轴套等(图 1-4)。

低碳钢通过淬火和低温回火处理,以获得表面硬度高、耐磨性好且心部韧性好的"表硬里韧"的性能,适用于承受一定冲击载荷和有摩擦、磨损的机器零件,如凸轮、滑块和活塞销等。

(2)中碳钢:碳含量为 0.25%~0.50%,常用的牌号为 45、35 等。中碳钢一般进行淬火和高温回火处理,来获得良好的综合力学性能(强度、塑性、韧性的良好配合)。中碳钢多用于制造较重要的机器零件,如汽车凸轮轴(图 1-5)、齿轮等;进行表面淬火和低温回火处理,以获得较高的表面硬度和耐磨性,用于制造要求耐磨,但冲击载荷不大的零件,如车床主轴箱齿轮等。对于一些大尺寸、要求较低的零件,通常只进行正火处理,以简化热处理工艺。

优质碳素结构钢在汽车上的应用

图 1-4 汽车轴套　　　　　　图 1-5 汽车凸轮轴

(3)高碳钢:碳含量为 0.55%~0.9%,通常多进行淬火和中温回火,以获得高的弹性极限。优质碳素结构钢在汽车上的应用见表 1-3,主要用于制造弹簧等各种弹性元件以及易磨损的零件。弹簧是汽车的重要零件,应用于汽车的各个部位,具有能量储存、自动控制、缓冲平衡、固定复位、安全减振等作用。典型的弹簧件有悬架弹簧,如板簧、螺旋弹簧(图 1-6)等。

图 1-6 螺旋弹簧

优质碳素结构钢在汽车上的应用　　　　　　表1-3

牌号	零件名称
15	轮胎螺母、螺栓等
15	发动机气门帽、离合器调整螺栓、曲轴箱调整螺栓、消声器前托架型螺栓、曲轴箱通风阀体、气门弹簧座及旋转套
35	曲轴正时齿轮、半轴螺栓锥形套、前后轴头螺母、车轮螺栓等,机油泵轮、连杆螺母、汽缸盖定位销、拖曳钩
35	螺母、发动机推杆驻车制动蹄片臂拉杆等
45	气门推杆、同步器锁销、变速杆、凸轮轴、曲轴、变速叉轴等
45	飞轮齿环、拖曳钩、转向节主销、离合器踏板轴及分离叉等
50	离合器从动盘等
65Mn	气门弹簧、转向纵拉杆弹簧、摇臂轴复位弹簧、拖曳钩弹簧、空气压缩机排气阀波形弹簧垫圈、风扇离合器阀片等

3) 碳素工具钢

工具钢是用来制造各种刃具、量具和模具的材料。它应满足刀具在硬度、耐磨性、强度和韧性等方面的要求(表1-4)。例如,在金属切削过程中,随温度的升高,机床刀具不仅要求在常温时具有高的硬度,而且要求在高温时仍保持切削所需硬度的性能,即热硬性。

碳素工具钢用途　　　　　　表1-4

牌号	用途举例
T8　T8A	承受冲击,要求较高硬度的工具,如木工刀具等
T10　T10A	不受剧烈冲击,要求高硬度、高耐磨性的工具,如手用锯条等
T12　T12A	不受冲击,要求高硬度、高耐磨性的工具,如丝锥、量具等

碳素工具钢是指碳含量为0.7%~1.3%的高碳钢。牌号用"T"表示钢的种类,后面的数字表示含碳的平均质量分数,用碳质量分数的千倍表示。常用的碳素工具钢有T8、T10、T10A、T12A(A表示高级优质钢)等。由于碳素工具钢的热硬性较差、热处理变形较大,故仅适用于制造不太精密的模具、木工工具和金属切削用的低速手用刀具(锉刀、锯条、手用丝锥)等。

三、合金钢

碳钢缺乏良好的综合性能,如汽车和拖拉机的一些重要零件,若选用碳钢则达不到性能要求。此外,碳钢还缺乏耐热、耐蚀、高磁性或无磁性、耐磨等特殊的性能。因而,在现代生产制造中广泛应用合金钢。

合金钢指在碳钢的基础上,有意识地加入一些合金元素后而得到的钢种,常用的合金元素有Si、Mn、Cr、Ni等。它与碳素钢相比,热处理工艺性较好,力学性能指标更高,还能满足某些特殊性能要求。但有些合金钢的冶炼、加工比较困难,价格也较贵,经济性较差。所以,要合理地使用合金钢,使其既能保证使用性能要求,又可产生良好的经济效益。

合金钢的综合力学性能比碳素钢要好得多,而且更适合于直径较大的零件。一般说来,合金钢的优点只有通过热处理才能充分发挥。

合金钢在汽车上的应用

1. 合金钢的种类和编号

1) 种类

(1) 按用途分:合金钢可以分为合金结构钢、合金工具钢和特殊性能钢三大类。合金结构钢主要用于机械零件和结构零件;合金工具钢主要用于刀具、模具和量具制造;特殊性能钢则具有某些特殊的物理、化学性能,用于对这些性能有特殊要求的地方。

(2) 按合金元素分:低合金钢、中合金钢、高合金钢。

2) 编号

(1) 合金结构钢的编号一般由三部分组成。第一部分是一个两位数,表示该钢的含碳量为万分之几,与优质碳素结构钢相同;第二部分表示加入合金元素的元素符号;第三部分表示该元素的百分比含量数平均数,四舍五入到个位数,当含量的平均数低于1.5%时不标。加入多个合金元素时,第二、第三部分重复出现。

例如,20CrMnTi,该钢属于合金结构钢,20表示碳的平均含量为0.2%,Cr、Mn、Ti的平均含量小于1.5%;38CrMoAlA,该钢属于合金结构钢,A表示是高级优质钢,38表示碳的平均质量分数为0.38%,Cr、Mo、Al的平均质量分数均小于1.5%;60SiMn2,该钢属于合金结构钢,60表示碳的平均质量分数为0.6%,Si的平均质量分数小于1.5%,Mn的平均质量分数为2%。

(2) 滚动轴承钢的牌号。

滚动轴承钢是生产量和使用量很大的一类合金结构钢,其中最主要的就是铬滚动轴承钢。由于它对性能的特殊要求,国家标准规定了特殊的牌号标准。铬滚动轴承钢牌号最前面是大写字母G;后面是元素符号Cr;之后是铬平均含量的千分之几;如果还加入其他合金元素,其标志方法与合金结构钢相同;铬滚动轴承钢的含碳量均为1%左右。例如GCr15,G表示该钢属于滚动轴承钢(图1-7),含碳量约为1%,铬的含量约为1.5%;GCr15SiMn,G表示该钢属于滚动轴承钢,含碳量约为1%,铬的含量约为1.5%,Si、Mn的平均含量均小于1.5%。

图1-7 滚动轴承钢

(3) 合金工具钢。

牌号的前个位数字表示钢中碳的平均质量分数,以千分数计,若碳的平均质量分数超过1%时,一般不标出。合金元素质量分数的表示方法与合金结构钢相同。

例如,9SiCr,9表示碳的平均质量分数为0.9%、硅和铬的平均质量分数均小于1.5%的合金工具钢;3Cr2W8VA,该钢含碳量为0.3%,铬的含量约为2%,钨的含量约为8%,钒的含量小于1.5%,A表示是高级优质钢,虽然从钢的牌号还不能判断是工具钢还是特殊性能钢,但是从钨含量很大和钨在钢的作用还是可以判断该钢是高级优质合金工具钢;CrWMn,该钢的平均含碳量不小于1%,铬、钨、锰的含量均小于1.5%,该钢的含碳量高,并且含有一定量的钨,可以判断这是一种合金工具钢。

(4)特殊性能钢。

牌号表示法与合金工具钢相同,只是当碳的平均质量分数小于0.1%时,用"0"表示;碳的平均质量分数小于或等于0.03%时,用"00"表示。例如,0Cr13,表示碳的平均质量分数小于0.1%,铬的平均质量分数均为13%的不锈钢;0Cr18Ni9Ti,该钢含碳量很低,必定是特殊性能钢,含碳量小于0.08%,铬含量约为18%,镍含量约为9%,钛的含量小于1.5%,实际上这是一种很高级的不锈钢。

常用不锈钢有以下两类。

第一类称为铬13型不锈钢。铬13型不锈钢可以热处理强化,比较耐大气和氧化性介质腐蚀。它的价格较低,常用于耐腐蚀机械零件和外科手术器械。常用的有0Cr13、1Cr13、Cr13、3Cr13和4Cr13。

第二类称为18-8型不锈钢。它的耐腐蚀性很好,除了盐酸、氢氟酸等无氧酸外,这类不锈钢都有很好的耐腐蚀性;而且还可以作为耐热钢在800℃以下工作,典型牌号是1Cr18Ni9Ti。

气门钢:属于耐热钢中的热强钢类。主要用于内燃机进、排气门(图1-8)。内燃机汽缸内高温燃烧废气要通过排气门排出,平时又要能可靠地密封,所以排气门材料要求可以高温下不氧化起皮,又不能发生高温蠕变。汽车发动机排气门最常用的气门钢有两种:4Cr9Si2和4Cr10Si2Mo。前者工作温度可达700℃;后者工作温度可达800℃。

图1-8 内燃机进、排气门

2. 合金结构钢介绍

合金结构钢又分为五大类:低合金结构钢;合金渗碳钢;合金调质钢;合金弹簧钢;滚动轴承钢。

1)低合金结构钢

这是一类出现才三四十年的新钢种。它是在碳素结构钢基础上,加入少量锰,有的再加入微量细化组织的钒、锆、铌等合金元素组成。加入的合金元素量很少(<3%),质量一般仍为普通钢,价格增加很少,但强度水平则提高35%以上,并且焊接、冷冲压等加工性能很好,用来代替碳素结构钢能大大减轻结构质量,可以取得很高的经济效益。低合金结构钢的牌号及应用举例见表1-5。

低合金结构钢的牌号及应用举例　　　　表1-5

牌号	应用举例
16Mn	纵梁前加强板,横梁,角撑,保险杠
10Ti	车架前横梁,中横梁前保险杠,角撑等

2)合金渗碳钢

含碳量为0.1%~0.25%的低碳钢,加入锰、铬、镍等元素能提高合金钢的淬透性,有时还加入细化组织的钼、钒、钛等元素。其热处理工艺采用渗碳→淬火→低温回火后使用。合金渗碳钢在汽车上的应用见表1-6。

合金渗碳钢在汽车上的应用　　　　　　　表1-6

牌号	零件名称
15Cr	活塞销、气门弹簧座
	活塞销、气门挺柱及调整螺栓
20CrMnTi	二、三挡活动齿套,四、五挡滑动齿套,一挡及倒挡齿轮,变速器中间轴
	变速器齿轮及第一轴和中间轴、半轴齿轮、万向节和差速器十字轴
20MnVB	传动轴十字轴、转向万向节十字轴、后桥加速器齿轮、差速器十字轴
15MnVB	钢板弹簧中心螺栓
	变速器一轴、二轴、中间轴,中间轴常啮合齿轮,二、三挡滑动齿套,二、三、四、五挡齿轮

3）合金调质钢

含碳量为 0.25%～0.55% 的中碳钢,加入锰、铬、镍等元素提高淬透性,有时也加入钼、钒等细化组织的合金元素形成合金调质钢。合金调质钢一般在调质状态下使用(淬火+高温回火),根据需要还可以调质后再感应加热表面淬火处理。合金调质钢在汽车上的应用见表1-7。

合金调质钢在汽车上的应用　　　　　　　表1-7

牌号	零件名称
40Cr	发动机支架固定螺栓、差速器壳螺栓、减振器销
	水泵轴、连杆、连杆盖、汽缸盖螺栓
40MnB	半轴、水泵轴、传动轴花键、万向节叉、转向节、汽缸盖螺栓、连杆螺栓
	变速器二轴、转向节、转向臂、半轴
45Mn2	进气门、半轴套管、钢板弹簧U形螺栓
	半轴套管、钢板弹簧U形螺栓
50Mn2	离合器从动盘、减振盘

4）合金弹簧钢

合金弹簧钢碳含量一般在 0.5%～0.65% 范围内;其中加有提高屈服强度的锰、硅等合金元素,这些合金元素主要目的是使零件获得高的弹性,提高钢的淬透性。合金弹簧钢在汽车上的应用见表1-8。

合金弹簧钢在汽车上的应用　　　　　　　表1-8

牌号	零件名称
55Si2Mn	钢板弹簧
65Mn	气门弹簧、摇臂轴定位弹簧、离合器压紧弹簧
60Si2Mn	牵引钩弹簧、钢板弹簧

5）滚动轴承钢

滚动轴承的工作条件很特殊，所以对滚动轴承钢提出了很高的要求。首先，滚动轴承的滚动体与滚道是线接触或点接触，接触面积很小，接触应力很大，滚动轴承的精度又很高，滚动轴承钢热处理后必须有很高的硬度和耐磨性；其次，这种接触每次时间很短，重复不断接触和脱离，要求钢有很高的接触疲劳强度；滚动轴承钢在使用和保管过程中还应该不易生锈。

滚动轴承钢都是高级优质钢，碳含量都在1%左右，目前应用最多的是GCr15。

四、铸铁

铸造的成型成本低，可以生产出压力加工或切削加工难以生产的复杂或特大工件。汽车和其他机械设备中很多箱体零件和形状复杂零件就是采用铸造成型的，如柴油机汽缸盖（图1-9）。铸铁的缺点主要是铸件的力学性能比压力加工件低，生产中成品率低，而且部分存在于铸件内部的缺陷比较难于发现，使用可靠性比较差。

铸铁的种类也很多，常用的有灰铸铁、球墨铸铁、可锻铸铁、蠕墨铸铁和合金铸铁几种。

图1-9 柴油机汽缸盖

1. 灰铸铁

灰铸铁主要有以下特点：

（1）强度不高，冲击韧性接近零，但是抗压强度却比较高；虽然硬度不高，但是耐磨性却很好。

（2）由于内部存在很多片状石墨，所以消振性好。

（3）一般金属零件上的缺口要明显降低疲劳强度，而灰铸铁对缺口却不敏感。这对需要安装多个附加总成的基础零件（以箱体零件居多）是很重要的。

（4）铸造成型性好，切削加工性也很好。

（5）成型成本低，切削加工量少，使铸件总成本低。

（6）铸件可靠性比较低。

灰铸铁的牌号由两部分组成。第一部分是大写字母"HT"；第二部分是一个三位数，表示该灰铸铁的抗拉强度不低于这个兆帕数。例如HT200，这是一种灰铸铁，抗拉强度（σ_b）为200MPa。

应该指出，灰铸铁的强度和铸造性能有关，强度越低，铸造性能通常越好。例如，HT450的强度比HT200高，但是铸造性能却比较差。

2. 球墨铸铁

球墨铸铁的强度比灰铸铁高，特别是疲劳强度接近中碳素钢调质的水平，耐磨性也很好；球墨铸铁还有一定的塑性、韧性。

汽车驱动桥壳（图1-10）、转向桥工字梁有用球墨铸铁制造的例子。

图1-10 汽车驱动桥壳

球墨铸铁的牌号由三部分组成。第一部分是大写字母"QT";第二部分是一个三位数,表示球墨铸铁抗拉强度(σ_b);第三部分是一个数字,表示球墨铸铁的延伸率百分数。第二、第三部分之间用"-"分开。例如,QT 450-8,QT 表示是球墨铸铁,表示抗拉强度为 450MPa 和延伸率为 8%。

3. 可锻铸铁

可锻铸铁的牌号为 KTH、KTZ、KTB。KT 表示可锻铸铁。H 表示黑心可锻铸铁。Z 表示珠光体可锻铸铁。B 表示白心可锻铸铁。

例如,KTH370-12,KT 表示是可锻铸铁,抗拉强度为 370MPa,延伸率为 12% 的黑心可锻铸铁。

4. 蠕墨铸铁

蠕墨铸铁的牌号由 RuT 和一组数字组成。例如 RuT300,RuT 表示蠕墨铸铁,抗拉强度为 300MPa 的蠕墨铸铁。

5. 合金铸铁

合金铸铁指在普通铸铁中加入合金元素而具有特殊性能的铸铁。通常加入的合金元素有硅、锰、磷、铬、钼、铜、铝等,可用于制造汽车汽缸体零件,如图 1-11 所示。

图 1-11 汽车汽缸体

五、有色金属及其合金

除钢铁材料以外的其他金属材料统称为有色金属。有色金属在汽车和其他大部分机械设备中使用量并不多,但是往往应用在对材料性能有特殊要求的地方,对设备的总体性能有很大影响。

常用的有色金属有铝和铝合金;铜和铜合金;铅、锡、锌和它们的合金;钛和钛合金以及滑动轴承合金等种类。

有色金属及其合金在汽车上的应用

1. 铝、铜及其合金

1)纯铝

铝在地球上的储量居金属元素之首,其年产量居有色金属之冠。纯铝呈银白色,密度只有 2.72g/cm³,为钢铁的 1/3,熔点为 660℃,基本无磁性。铝具有良好的导电性和导热性,仅次于银、铜、金,位于第四。强度低,塑性好。抗大气腐蚀性好,但不耐酸、碱、盐的腐蚀。

工业纯铝的纯度为 98% ~ 99.7%,牌号有 1070A、1060、1050A、1035 等,牌号数字越大,表示杂质的含量越高,纯度越低。

根据纯铝的特点,其主要用途是代替较为贵重的铜合金制作电线,配置各种铝合金,以及制作一些质轻、导热或耐大气腐蚀而强度要求不高的器具。在汽车上,纯铝主要用于制作空气压缩机垫圈、排气门垫片(图 1-12)、汽车铭牌等。

图1-12 汽车排气门垫片

2）铝合金

(1) 铝合金的分类。

纯铝的强度低,若在铝中加入硅、铜、镁、锰等合金元素,就可获得较高强度的铝合金,此外,还可以通过冷变形加工、热处理等方法对铝合金进一步强化,同时保持其密度小、比强度高和导热性好的特性,使之适宜制造各种机械零件。

根据铝合金的成分、生产工艺特点,铝合金可分为变形铝合金和铸造铝合金两大类。变形铝合金其塑性很好,宜进行压力加工,故称变形铝合金。铸造铝合金由于流动性好,宜于铸造加工,故称铸造铝合金。

(2) 变形铝合金。

变形铝合金包括防锈铝合金、硬铝合金、超硬铝合金及锻铝合金,常用牌号:防锈铝合金有5A05、3A21;硬质合金有2A01、2A11;超硬铝合金有7A04A;锻铝合金有2A50、2A70。锻铝合金2A70用来制造内燃机活塞和在高温下工作的复杂锻件、板材、结构件。

(3) 铸造铝合金。

铸造铝合金的力学性能虽然不如变形铝合金,但其具有优良的铸造工艺性,可进行各种成形铸造,生产形状复杂的铸件。它的牌号由字母"ZL"表示铸铝,ZL后面的第一个数字1、2、3、4分别表示铝硅、铝铜、铝镁、铝锌,后面第二、第三两个数字表示顺序号。

例如,ZAlSi5Cu1Mg-ZL105,(ZAlSi5Cu1Mg表示牌号,ZL105表示代号)表示05号铝硅系铸造铝合金,用于风冷发动机的汽缸头、机匣、油泵壳体;ZAlCu5Mn-ZL201,表示01号铝铜系铸造铝合金,用于内燃机汽缸头、活塞(图1-13);ZAlMg10-ZL301,表示01号铝镁系铸造铝合金,用于雷达底座、飞机螺旋桨,也可作装饰材料;ZAlZn11Si7-ZL401,表示01号铝锌系铸造铝合金,用于制造结构形状复杂的汽车、飞机零件。

3）铜和铜合金

铜和铜合金是历史上应用最早的金属,具有良好的耐蚀性和导电、导热性能,铜合金还有较高的力学性能。

(1) 工业纯铜。

工业纯铜俗称紫铜。工业纯铜具有很好的导电、导热性能;耐大气腐蚀;强度和硬度较低,塑性非常好,可以拉拔成$\phi 0.02$mm的极细铜丝。

图1-13 汽车活塞

工业纯铜有四个牌号,即T1、T2、T3和T4。其中,T1的纯度最高,T4的纯度最低。T1、T2主要用于导电材料,T3、T4则主要用于导热材料或需要利用它良好塑性的零件。工业纯铜中溶解有微量氧,用于焊接结构时容易发生焊接裂纹;用于真空器件时,会降低器件内真空度。

(2) 黄铜。

黄铜是以锌为主要合金元素的铜合金。

①普通黄铜:主加锌的铜合金称为黄铜。普通黄铜中除了锌不加入其他合金元素;加入

其他合金元素的黄铜称为特殊黄铜。

普通黄铜中的含锌量在70%以下时,抗拉强度和塑性随着含锌量提高而同步提高,含锌量在70%~72%时黄铜的塑性达到最大值;继续提高黄铜的含锌量,抗拉强度继续提高,而塑性开始下降,含锌量达到40%左右时强度达到最大值;再继续提高含锌量,抗拉强度和塑性同时下降,作为机械零件材料已经没有应用价值。

普通黄铜的牌号由两部分组成,前面是大写字母"H",后面跟一个数字,表示该黄铜的含铜量百分数,含锌量百分数可以用100减去含铜量百分数得到。例如,H72,该牌号表示是普通黄铜,含铜量72%左右,或者含锌量28%左右。

普通黄铜的力学性能比工业纯铜好,耐蚀性也比较好;导电、导热性仍然比较好。所以它广泛用于制造要求具有较好导电、导热性,耐大气腐蚀的机械零件、冷凝器或者电子、电气设备的连接件,如汽车轴套(图1-14)。

常用的普通黄铜可以分为以下三类。

a. 金色黄铜:含锌量在20%以下。具有漂亮的金黄色泽,常用于装饰件。如HT80。

b. 七三黄铜:含锌量约为30%。具有最好的塑性和一定强度,常用于冷冲压件。由于枪弹、炮弹的弹壳常用它制造,所以又称弹壳黄铜。如H68,H72。

c. 六四黄铜:含锌量约为40%。是强度最高的普通黄铜。常用于导电、耐蚀机械零件。如H62和特殊黄铜HPb59-1(含锌量为40%,含1%左右的铅,切削加工性特别好,又称快削黄铜)。

图1-14 汽车轴套

②特殊黄铜:在普通黄铜的基础上再加入少量其他合金元素而得到的铜合金称为特殊黄铜。

例如,铝黄铜——HAl59-3-2;铅黄铜——HPb59-1;硅黄铜——HSi80-3;锰黄铜——HMn58-2;锡黄铜——HSn90-1。

③铸造黄铜:将上述黄铜合金熔化后浇铸到铸型中去而获得零件毛坯的材料称为铸造黄铜,牌号有ZCuZn38、ZCuZn31Al2、ZCu40Mn2、ZCuZn16Si4。

(3)青铜。

主加锌的铜合金称为黄铜;而主加镍的铜合金称为白铜,白铜常用于电子和电工线路中,也用于装饰件上;主加除锌和镍以外合金元素的铜合金则称为青铜。所以,青铜是一个大家族,有锡青铜、铝青铜、硅青铜、铍青铜和钛青铜等。汽车和一般机械设备中最常用的是锡青铜和铝青铜。

①锡青铜:顾名思义锡青铜就是主加锡的铜合金。锡青铜是一种有几千年历史的古老金属材料。

例如,QSn4-3:含锡量为4%,含锌量为3%,其余为铜的锡青铜。

铸造锡青铜按铸造有色金属合金的牌号表示,如:ZCuSn5Pb5Zn5、ZCuSn10Pb5、ZCuSn10Zn2。

图1-15 铝青铜齿轮

②特殊青铜：由于锡青铜价格较昂贵，力学性能不太高。常用铝青铜（图1-15）、铅青铜、铍青铜。

铝青铜——ZCuAl10Fe3，是具有与钢相比强度，用于制造齿轮、摩擦片、涡轮等。

铍青铜——QBe2，是具有良好综合力学性能的合金。价格昂贵，使用受到限制。

2. 镁合金

镁合金是以镁为基础加入其他元素组成的合金。其特点是：密度小（$1.8g/cm^3$左右），比强度高，弹性模量大，散热好，消振性好，承受冲击载荷能力比铝合金大，耐有机物和碱的腐蚀性能好。镁合金的主要合金元素有铝、锌、锰、镉等。目前，使用最广的是镁铝合金，其次是镁锰合金和镁锌锆合金，主要用于航空、航天、运输、化工、火箭等工业部门。在实用金属中，镁是最轻的金属，镁的密度大约是铝的2/3，是铁的1/4。

采用镁合金制造汽车零件是轻量化的又一途径，尽管目前镁的价格较高，在汽车上应用较少，但一直为汽车行业所关注，是汽车行业很有潜力的轻合金。目前，镁合金在汽车上的应用零部件可归纳为两类。

（1）壳体类。如飞轮壳体、阀盖、仪表板、变速器体、曲轴箱、发动机前盖、汽缸盖（图1-16）、空调机外壳等。

（2）支架类。如转向盘、转向支架、制动支架、座椅框架、车镜支架、分配支架等。

根据有关研究，汽车所用燃料的60%是消耗于汽车自重，汽车自重每减轻10%，其燃油效率可提高5%以上；汽车自重每降低100kg，每百公里油耗可减少0.7L左右，每节约1L燃料可减少CO_2排放2.5g，年排放量减少30%以上。

所以，减轻汽车质量对环境和能源的影响非常大，汽车的轻量化成必然趋势。

3. 钛合金

钛是一种新型金属，钛的性能与碳、氮、氢、氧等杂质含量有关。钛合金进、排气门如图1-17所示。

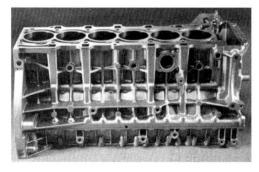

图1-16 镁合金汽缸盖

图1-17 钛合金进、排气门

1)强度高

钛合金的密度一般在 $4.51g/cm^3$ 左右,仅为钢的 60%,纯钛的强度才接近普通钢的强度,一些高强度钛合金超过了许多合金结构钢的强度。因此,钛合金的比强度(强度/密度)远大于其他金属结构材料,可制出单位强度高、刚性好、质轻的零部件。目前,飞机的发动机构件、骨架、蒙皮、紧固件及起落架等都使用钛合金。

2)热强度高

使用温度比铝合金高几百度,在中等温度下仍能保持所要求的强度,可在 450~500℃ 的温度下长期工作,钛合金在 150~500℃ 范围内仍有很高的比强度,而铝合金在 150℃ 时比强度明显下降。钛合金的工作温度可达 500℃,铝合金则在 200℃ 以下。

3)抗蚀性好

钛合金在潮湿的大气和海水介质中工作,其抗蚀性远优于不锈钢;对点蚀、酸蚀、应力腐蚀的抵抗力特别强;对碱、氯化物、氯的有机物品、硝酸、硫酸等有优良的抗腐蚀能力。但钛对具有还原性氧及铬盐介质的抗蚀性差。

4)低温性能好

钛合金在低温和超低温下,仍能保持其力学性能。低温性能好。如 TA7,在 -253℃ 下还能保持一定的塑性。因此,钛合金也是一种重要的低温结构材料。

钛合金是航空航天工业中使用的一种新的重要结构材料,密度、强度和使用温度介于铝和钢之间,但比强度高并具有优异的抗海水腐蚀性能和超低温性能。钛合金在航空发动机中的用量一般占结构总质量的 20%~30%,主要用于制造压气机部件,航天器主要利用钛合金的高比强度、耐腐蚀和耐低温性能来制造各种压力容器、燃料储存箱、紧固件、仪器绑带、构架和火箭壳体。人造地球卫星、登月舱、载人飞船和航天飞机也都使用钛合金板材焊接件。

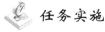 任务实施

一、任务准备

1. 组织方式

(1)场地设施:智慧教室。

(2)工具:纸、笔、工作页。

(3)实施方式:将学生 6~8 人分为一组进行分组讨论。每组派出代表进行汇报,教师指导点评。

2. 操作要求

(1)指导教师严格限制讨论时间,小组分工要明确。

(2)分析和表述问题逻辑清晰。

(3)遵守秩序,注意安全。

二、操作步骤

(1) 为图 1-18 中所展示的零件选择合适的材料。

(2) 描述汽车常见的金属材料,要求语言表达热情、真诚、流畅。

图 1-18 汽车零件

三、任务测评

任务测评表见表 1-9。

任务测评表　　　　　　　　　　　　　　　表1-9

班级		姓名		日期		自评	互评	教师
1.能正确解答基础知识								
2.能描述汽车常见的金属材料								
3.能给图示零件选择的合适材料								
4.在完成任务时,按照操作规程做到安全文明								
个人总结								
总体评价						教师签名		

 任务小结

（1）热处理指将固态金属或合金在一定介质中加热、保温和冷却,以改变材料整体或表面组织,从而获得所属性能的工艺。

（2）退火指金属零件加热后经过足够时间的保温,然后缓慢冷却的热处理工艺。

（3）钢制毛坯加热到上临界温度以上某一温度,再保温后在空气中冷却的热处理工艺,称为正火。

（4）钢制零件加热到临界温度以上,保温后快速冷却（大于临界冷却速度）的工艺称为淬火。淬火介质:盐水（碱水）、油或双液淬火。

（5）淬火钢重新加热到临界温度以下某一温度并保温一段时间的工艺称为回火。

（6）碳钢又称碳素钢,因其冶炼方便、加工容易、价格便宜、性能可以满足一般工程使用要求,所以是制造各种机器零件、工程结构和量具、刀具等最主要的材料。

（7）碳钢的分类方法很多,常用的分类方法有以下几种。

①按碳质量分数分:低碳钢、中碳钢、高碳钢。

②按钢的质量等级分:普通钢、优质钢、高级优质钢、特级优质钢。

③按用途分:碳素结构钢、碳素工具钢。

（8）合金钢指在碳钢的基础上,有意识地加入一些合金元素后而得到的钢种,常用的合金元素有 Si、Mn、Cr、Ni 等。

（9）合金钢按用途分,可以分为合金结构钢、合金工具钢和特殊性能钢;按合金元素分,可分为低合金钢、中合金钢和高合金钢。

（10）铸铁的种类很多,常用的有白口铸铁、灰铸铁、可锻铸铁、球墨铸铁、蠕墨铸铁和合金铸铁。

（11）除钢铁材料以外的其他金属材料统称为有色金属。常用的有色金属有铜和铜合金、铝和铝合金、镁合金、钛和钛合金以及滑动轴承合金等。

（12）纯铝牌号有 1070A、1060、1050A、1035 等。牌号数字越大,表示杂质的含量越高,纯度越低。

(13)铜和铜合金是历史上应用最早的金属,具有良好的耐蚀性和导电、导热性能,铜合金还有较高的力学性能。

(14)黄铜:以锌为主要添加元素的铜合金;白铜:主加镍的铜合金;青铜:主加除锌和镍以外合金元素的铜合金。所以,青铜是一个大家族。

习题

一、判断题

1. 硅、锰在碳素钢中是有益元素,适当增加其含量,均能提高钢的强度。（ ）
2. 碳素结构钢都是优质碳素钢。（ ）
3. 除含铁、碳外,还含有其他元素的钢就是合金钢。（ ）
4. 合金钢不经过热处理,其机械性能比碳钢提高不多。（ ）
5. GCr15 是滚动轴承钢。（ ）
6. 黄铜是铜锌合金,青铜是铜锡合金。（ ）
7. 纯铜具有很高的导电性和导热性,也有优良的塑性,强度不高,不宜作承受载荷的汽车零件。（ ）
8. 碳素工具钢用于制造刀刃、量具和模具,碳含量在 0.7%~1.35% 之间。（ ）

二、选择题

1. 钢的杂质中,有益元素是(　　)。
   A. 硫和磷　　　　B. 硫和锰　　　　C. 锰和硅　　　　D. 磷和硅
2. 中碳钢的碳含量(　　)。
   A. 一般不高于 1.3%　　　　B. 介于 0.25%~0.6% 之间
   C. 低于 0.25%　　　　　　D. 高于 0.6%
3. 金属材料的力学性能并不包括(　　)。
   A. 强度、硬度　　B. 塑性、韧性　　C. 密度、熔点　　D. 疲劳强度
4. 使钢产生冷脆性的元素是(　　)。
   A. 硫　　　　　　B. 磷　　　　　　C. 锰　　　　　　D. 硅
5. 普通钢、优质钢和高级优质钢分类的依据是(　　)含量的高低。
   A. 磷和硫　　　　B. 硫和锰　　　　C. 锰和硅　　　　D. 磷和硅
6. 汽车上铸造铝合金最常见的是用于(　　)类零件。
   A. 轴　　　　　　B. 壳体　　　　　C. 盘　　　　　　D. 叉架
7. 牌号 45 的钢,属于(　　)。
   A. 低碳钢　　　　B. 中碳钢　　　　C. 高碳钢　　　　D. 合金钢
8. 汽车车身覆盖件的材料通常是(　　)。
   A. 低碳钢　　　　B. 中碳钢　　　　C. 高碳钢　　　　D. 多碳钢

三、简答与连线题

1. 碳钢如何分类?

2. 解释下列材料牌号的意义。

(1) 45。

(2) T8A。

(3) HT200。

(4) 60SiMn2。

(5) 20。

(6) Q235。

(7) 20CrMnTi。

(8) 0Cr18Ni9Ti。

3. 请选择合适材料连线。

  汽缸盖   20Cr
  连杆   4Cr10Si2Mo
  排气门   HT200
  悬架弹簧   ZL110
  活塞销   45
  活塞   50CrVA

4.有色金属与黑色金属相比较,具有哪些优良的性能?汽车上常用的有色金属是哪几种?

5.黄铜、白铜、青铜分别如何定义?

学习任务3 认知非金属材料

 **任务描述**

非金属材料如橡胶、塑料、玻璃等,具有成本低、质量轻、经济效益好、安全性高、噪声低等优点,是很多金属材料所不及的。那么,汽车上都采用了哪些非金属材料?这些材料又有哪些独特的性能呢?

 任务目标

1.能描述非金属材料在日常生活中的应用。
2.能描述非金属材料在汽车上的应用。
3.能分析汽车保险杠的材料。
4.能自觉弘扬劳动精神、奋斗精神、奉献精神。
建议学时:2 学时。

 知识准备

一、塑料

非金属材料的分类

塑料是具有可塑性的材料,是以天然或合成树脂为基础制成的材料,是在一定的温度和压力下可塑制成型并在常温下保持其形状不变的高分子材料。

1.塑料的组成

合成树脂是塑料的主要组成物,是塑料的基本材料,决定塑料的类型和基本性能,在塑料中起黏结作用。为了改善或弥补塑料的性能(物理性能、化学性能、力学性能或工艺性能),还特别加入了添加剂,主要常用的有填料或增强物料、固化剂、增塑剂、稳定剂、润滑剂、发泡剂、着色剂等。

2. 塑料的性质

塑料的密度小,质量轻,耐腐蚀性好,电绝缘性好,减摩、耐磨性好,消声、吸振动和隔热性能好,具有良好的工艺性能。塑料的不足之处是强度和硬度低、耐热性差、膨胀系数大(比金属大)、受热易变形、易老化、易蠕变、尺寸不稳定等。

3. 塑料的分类

1)按理化特性分类

根据各种塑料不同的理化特性,可分为热塑性塑料和热固性塑料。

(1)热塑性塑料。由可以多次反复加热仍有可塑性的合成树脂制成的塑料,即加热时材料会软化并熔融,可塑造成型,冷却后即成型并保持既得形状,并具有重复性。

热塑性塑料的优点是加工成型简便,具有较高的力学性能;缺点是耐热性和刚性较差。

(2)热固性塑料。一次加热变软并固化成型后将不再用加热而熔融也不溶解的塑料。即初加热时软化,可塑造成型,但固化后再加热时将不再软化,也不溶于溶剂(如果加热温度过高,只能碳化)。

热固性塑料的优点是耐热性高,受压后不易变形;缺点是力学性能(机械强度)不好。通常采用加入填料(纤维复合材料)来提高强度。

2)按使用性能分类

按使用性能分类,塑料可分为通用塑料、工程塑料和特种塑料。

(1)通用塑料,指产量大、价格低、应用范围广的常用塑料。主要有聚氯乙烯(PVC)、聚乙烯(PE)、聚丙烯(PP)等,它们的产量占全部塑料产量的75%~80%。

(2)工程塑料,指机械强度好(力学性能好,尺寸稳定性好,在较高温度下使用),能做工程材料和代替金属制造各种机械设备或工程结构零部件的塑料。主要有聚碳酸酯(PC)、ABS树脂等,它们主要用作结构材料。目前通用塑料经改性和增强,也可制成工程构件。这样就很难从定义上区分通用塑料和工程塑料的界限了。

(3)特种塑料,指具有特殊功能和特殊用途(及独特性能,价格高,产量少,应用范围窄)的塑料,并包括为某一专用途通过改性而制得的塑料(耐热,导电,导磁,高耐腐蚀性,高电绝缘性等)。主要有氟塑料、硅树脂等。

4. 塑料在汽车上的应用

汽车用塑料按照用途可分为内装件用塑料、外装件用塑料和工程塑料。

1)汽车内饰用塑料

要求具备吸振性能好、手感好、耐用性好的特点,以满足汽车内饰安全、舒适、美观的要求。内饰用塑料品种主要有聚氯乙烯(PVC)、聚丙烯(PP)和ABS等。它们用于制作仪表台(图1-19)、扶手、门内衬板、顶篷衬里、地毯、转向盘等内饰塑料制品。

2)汽车用工程塑料

在汽车上,工程塑料主要用作结构件。汽车用工程塑料要求其具有足够强度、抗蠕变特性以及尺寸稳定性。随着现代塑料工业的发展,工程塑料是能够满足这些技术要求的。汽车上常用的工程塑料有聚丙烯(PP)、聚乙烯(PE)、聚苯乙烯(PS)、ABS、聚碳酸酯等。ABS

具有良好的力学性能,刚性好,耐寒性强,加工性能好,表面光洁,制品表面还可以电镀,在汽车上发挥着其他材料不可替代的作用。

汽车的外装件及结构件如进气格栅、传动轴、车架、发动机舱盖等,要求具备高强度,因而多采用纤维增强塑料复合材料制造(图1-20)。

图1-19　汽车仪表台　　　　　　　　图1-20　汽车进气格栅

二、橡胶

1. 橡胶的组成

橡胶是一种有机高分子弹性化合物,在使用温度范围内处于高弹态。它的分子量一般都在几十万以上,有的达100万左右。橡胶与其他材料不同的标志是在温度为 $-50 \sim 150 ℃$ 范围内具有极为优越的弹性,在较小的负荷作用下也能产生很大的形变,而去掉负荷后又能很快地自然恢复到原来状态。因此,橡胶是一种常用的弹性材料、密封材料、减振防振材料和传动材料。

橡胶的原料是生胶,其性能不好,需加入配合剂经硫化后,才能制成各种产品。

1) 生胶

(1) 天然橡胶。天然橡胶是橡胶树上流出的胶乳,经凝固、干燥等加工工序制成的弹性固状物。此固状物的主要成分是橡胶烃,含量达90%以上,此外还有少量的蛋白质、脂肪酸、糖分及灰分等。

(2) 合成橡胶。由于天然橡胶的产量远不能满足生产发展和人民物质生活的需要,人们便制成了合成橡胶。

2) 配合剂

为了改善橡胶制品的某些性能而加入的物质称为配合剂。配合剂主要有以下几种:硫化剂、硫化促进剂、活性剂、补强填充剂、防老剂、增塑剂和着色剂。此外,还有发泡剂,用于制造海绵橡胶、多空橡胶及空心橡胶制品。加入氧化铅、碳酸钙、陶土和滑石粉可提高绝缘性;加入石墨粉等可制造导电橡胶。

2. 分类

(1) 根据原材料来源不同分类,橡胶可分为天然橡胶和合成橡胶。

(2) 根据性能和用途不同分类,橡胶可分为通用橡胶和特殊橡胶。

(3) 根据物理状态不同分类,橡胶可分为生橡胶、熟橡胶(软橡胶)、硬橡胶、混炼橡胶和再生橡胶。

3. 橡胶材料

橡胶是工农业、交通运输业和国防上的重要物质，人们的日常生活也离不开橡胶。由于天然橡胶资源有限，合成橡胶得以大力发展。

1）天然橡胶（NR）

天然橡胶无固定熔点，一般在130～140℃时软化，150～160℃时显著黏软，200℃时开始降解，270℃迅速分解。

天然橡胶机械强度好。其耐曲挠性也好，到出现裂口时为止，可达20万次以上。天然橡胶耐碱，不耐浓酸、怕油。总之，天然橡胶综合性能好，加工工艺性也好。缺点是耐油耐溶剂性差，易老化，不耐高温。天然橡胶广泛用于制造轮胎、胶带、胶管及胶鞋等产品。

2）合成橡胶

合成橡胶是以石油、天然气和煤等为原料，用人工方法制成的高聚物。

合成橡胶品种很多，按性能和用途可分为通用橡胶和特种橡胶。它具有耐热、耐寒、耐高温、耐臭氧等特殊性能。可用来制造特定条件下使用的橡胶制品的橡胶称特种合成橡胶。

（1）丁苯橡胶（SBR）。丁苯橡胶是目前产量最大的橡胶品种，产量占合成橡胶的一半以上。丁苯橡胶含杂质少，耐光、耐热、耐磨性以及耐油、抗老化性等均比天然橡胶好。丁苯橡胶的缺点是生胶强度低、黏性差、成型困难，硫化速度慢，制成的轮胎使用时发热量大。若与天然橡胶共混，二者可相互取长补短，用途更为广泛，如可用于生产载货汽车轮胎、拖拉机轮胎和胶带、胶管、胶鞋等。

（2）顺丁橡胶（BR）。顺丁橡胶是发展很快的橡胶品种，目前产量已跃居橡胶品种的第二位。顺丁橡胶的原料来源丰富、成本低。它的弹性是目前橡胶中最高的，低温性能也很好，且耐磨性优异、耐屈挠性好，对油和补强填充剂亲和能力好。顺丁橡胶主要缺点是撕裂强度低，用于轮胎面胶时老化后易崩化掉块，加工性能欠佳。顺丁橡胶产量的85%～90%用于制造轮胎，10%制作其他工业品，如V形带、橡胶弹簧、减振器、耐热胶管、电绝缘制品和胶鞋等。

（3）丁腈橡胶（NBR）。丁腈橡胶耐油、耐燃料性能十分突出，主要用作耐油橡胶制品，如制作输油胶管、油料容器的衬里和密封胶垫，以及用以制造输送温度达140℃的各种物料的输送带和减振零件等。

（4）氯丁橡胶（CR）。它原料丰富、价格低廉、性能优异，物理、力学性能与天然橡胶相似，具有耐油、耐溶剂、耐老化、耐酸碱、耐热、耐燃烧、不透气等性能。它既可用于通用橡胶，又可作特种橡胶，故称"万能橡胶"。

4. 橡胶在汽车上的应用

汽车工业与橡胶工业密切相关，汽车领域一直是橡胶制品的重要市场。汽车用橡胶零件不仅数量大，而且耗用生胶的质量也占橡胶制品工业的首位。汽车用橡胶制品包括轮胎、胶管、密封条、油封、传动带、减振块和防尘罩等。橡胶制品用于每辆轿车的质量约187kg，用于中型载货汽车的质量约352kg，用于重型载货汽车的质量约400kg，占汽车总质量的10%以上。可以说，没有橡胶就没有现代的汽车工业。一辆汽车，其橡胶零件少则100多个，多则400多个，使用的橡胶材料品种多达十几种。常用的橡胶品种有天然橡胶、丁苯橡胶、丁腈橡胶、丙烯酸酯橡胶、氟橡胶、硅橡胶、聚氨酯橡胶和丁基橡胶等。

汽车橡胶制品分布在汽车车身、传动、转向、悬架、制动和电器仪表等系统内。

1）汽车轮胎

汽车轮胎是汽车上橡胶用量最大的橡胶零件，世界橡胶产量的60%用于制造轮胎。汽车轮胎按结构分为普通结构轮胎（斜交轮胎）、子午线轮胎、无内胎轮胎、活胎面轮胎等。轮胎的外胎大量使用天然橡胶、丁苯橡胶、顺丁橡胶等。轮胎的外胎部分直接承受地面的冲击和磨损，要求具有较高的弹性、强度和耐磨性能；为了增加强度，夹有合成纤维、钢丝等；为了增加轮胎与路面的附着力，避免打滑，胎面制成各式花纹。轮胎的内胎起着充气并维持轮胎具有一定压力的作用。内胎一般用气密性好的材料来制造，如丁基橡胶。图1-21所示为汽车子午线轮胎。

2）密封制品

汽车上使用的橡胶密封制品主要包括油封件、密封条、密封圈、皮碗、防尘罩和衬垫等。根据使用环境的不同，要求这类橡胶制品应有良好的密封性能，耐油及各种化学剂、耐老化、耐热、耐寒、耐臭氧、耐磨及高强度和永久压缩变形小等特性。

密封条在汽车上的用量很大，每辆汽车要使用20多种密封条，质量达十多千克，如车门缓冲密封条、车顶密封条、行李舱密封条、前后风窗玻璃密封条、门玻璃密封条、门框密封条、发动机舱盖密封条等。此外，汽车上还使用许多密封垫片，如各种车灯密封垫片、扬声器密封垫片、管接头密封垫片等（图1-22）。

图1-21 汽车子午线轮胎

图1-22 汽车C柱密封条

3）胶管

每辆汽车中所用的胶管有几十种，总长约30m，用胶量达到10~20kg，所用的橡胶材料有天然橡胶、丁腈橡胶、氯丁橡胶等。胶管按结构可分为纯胶管、夹布胶管和编织胶管；按其耐压性能分为低压管、高压管和真空管。胶管用在汽车上的燃油、制动、冷却、空调等系统中（图1-23）。

4）减振块

减振块主要用在汽车发动机、底盘等部件上，防止和降低汽车行驶中的振动和噪声。每辆车上使用的减振块有几十件，按其材料的组成形式可分为橡胶制品、塑料-橡胶复合制品及金属-橡胶复合制品。一辆车上减振块的用量最多的可达15kg左右，使用的橡胶有天然橡胶、氯丁橡胶、丁基橡胶等。以前使用的减振制品材料以天然橡胶为主,为了提高减振制品的耐久性,聚氨酯材料在减振制品应用中已崭露头角,能同时满足耐磨性、抗压性和高弹性的要求(图1-24)。

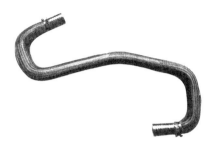 

图1-23 汽车胶管　　　　　　　图1-24 聚氨酯减振块

三、其他非金属材料

1. 汽车用玻璃

汽车自从诞生之日起,就离不开车用玻璃。不过,最初的汽车制造商认为汽车玻璃只不过是起到抵御风寒、防止雨水和尘土的作用。随着汽车工业的发展及道路状况的不断改善,车速日益提高,汽车用玻璃的重要性逐渐被汽车制造商和用户所认识。在汽车行驶中,汽车用玻璃要给乘员提供良好的视野,在遇到突发性事故时不会伤害驾乘人员,同时还要求其轻量化及多功能化(图1-25)。

图1-25 汽车前风窗玻璃

玻璃主要由二氧化硅(SiO_2)和各种金属氧化物组成。汽车玻璃已经经历了由平板型向曲面型、普通型向强化型、全钢化向局部钢化、钢化玻璃向夹层玻璃、三层夹层向多层夹层及功能化玻璃等发展的过程。

1)汽车用玻璃的种类及特点

(1)汽车用玻璃的种类。汽车用玻璃分为安全玻璃、夹层玻璃、钢化玻璃和区域钢化玻璃。

(2)汽车用玻璃的特点。汽车用玻璃的基材必须是质地优良的浮法玻璃,其色调大致有无色透明玻璃、过渡蓝色玻璃、过渡绿色玻璃、青铜色玻璃几类。

2)特种玻璃

所谓特种玻璃,就是具有一定独特功能的玻璃。

(1)防爆、防弹玻璃。这是一种特制玻璃,具有较大的抗冲击强度及透光性好、耐热、耐寒等特点。当遇到爆炸或弹击时,轻者玻璃可以完好无损,重者即使玻璃破裂,子弹亦不易穿透玻璃,玻璃碎片不会脱落伤人。此类玻璃主要用于防弹车。

(2)中空玻璃。它是用胶粘法将双层或多层平板玻璃粘在一起,使玻璃之间形成中空的一种特殊玻璃。由于中间充以干燥空气,因而具有隔声、隔热、保温、不结霜、不产生凝结水以及吸收紫外线的作用,在高档客车的侧窗上有着十分广泛的应用。

(3)防水玻璃。这种玻璃的表面上涂覆了一层化学耐久性优异的含氟薄膜。这种薄膜不会影响玻璃原来的颜色与光泽,有效寿命可达3~5年。在汽车行驶时,落在涂有这种薄膜玻璃上的水滴会在风压的作用下迅速滚落。车内的人像和物像不会映射到风窗玻璃上而影响驾驶人的视线。

(4)特种风窗玻璃。近年来,许多高档轿车采用热反射膜玻璃作为风窗玻璃,这种玻璃表面涂有金属氧化物层,可以防止车内的热量向车外传递,保持车内温度。

一些轿车外面设有拉杆天线供车载电话、电视、收音机使用,若在夹层玻璃中嵌入无线电电路或在玻璃表面镀一层透明导电膜,既能起到天线的作用,又可去掉车外容易摆动的拉杆天线,消除因风吹动天线而造成的噪声干扰,使车辆外形变得美观流畅,清洗车身也更加方便。

2. 石棉和毛毡

1)石棉

石棉是自然界中唯一的天然矿物质纤维,其质地柔软且具有弹性,机械强度高、耐高温、不燃烧,导电、导热性很低,具有一定的耐酸、耐碱性能,防潮、防霉、防老化性能很好,此外,还有优良的吸收树脂的能力。它广泛地应用于各工业部门,作为绝热、保温、防火、隔声和电气绝缘材料,也可以与橡胶、树脂、沥青、水泥及其他纤维混合,组成各种复合材料。

在工业上主要采用温石棉,有时也用青石棉。

汽车上使用的石棉衬垫主要有石棉胶板、耐油石棉橡胶板、石棉纸、衬垫石棉纸和板。图1-26所示为汽车汽缸盖垫片。

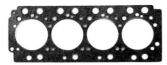

图1-26 汽车汽缸盖垫片

2)毛毡

毛毡是一种采用一系列浸润加工方法,使各种纤维鳞状表面互相紧密连接制成的片状材料。如将羊毛以蒸汽加热,再进行一系列的压力加工,在湿与干、热与冷的交替影响下,羊毛纤维表面间会交错结合,成为具有一定弹性的毛毡。所用的羊毛可以采用细的、较粗的或粗的,也可加入再生毛或合成纤维,还有的加入橡胶、树脂等粘合剂。

毛毡在汽车上的使用有以下方面。

(1)油封用毛毡:用于防止汽车旋转轴润滑油的泄漏,可选用细羊毛毡和半粗羊毛毡。

(2)衬垫用毛毡:主要用作隔热、密封及起缓冲和减振作用,可使用细毛毡和半粗羊毛毡。

(3)过滤用毛毡:用于过滤机油,可使用细羊毛毡和半粗羊毛毡。

(4)客车及货车驾驶室的衬里:可用粗毛毡衬垫,用于消除汽车上的振动和噪声,减轻乘员长时间乘车的疲劳感。

在汽车维修作业中,可根据油封、衬垫及滤芯的几何形状和尺寸,用剪刀将毛毡剪切成形,即可使用。图1-27所示为汽车隔声毛毡。

3)纸类和软木

(1)纸类。纸类制品由于原材料来源广泛、价格低

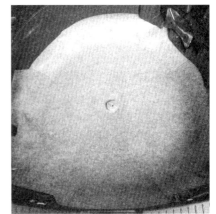

图1-27 汽车隔声毛毡

廉、质量轻,具有一定的机械强度和优越的物理性能,很早就在汽车产品上得到应用。目前,汽车上纸类制品主要在滤清、绝缘、防漏等方面广泛应用。

汽车上用于制作纸垫的材料主要有浸渍纸和软钢纸。浸渍纸是经过通常的造纸工艺生产的纸,先经过冲压成型工艺,然后根据工作环境的要求进行浸渍和烘干成型。软钢纸板是经过蓖麻油或甘卤处理的平板钢纸。

浸渍纸的机械强度比钢纸垫低,通常可以用于不经常拆卸和装配时仅受单一压力的密封场合,如凸缘盘结合的密封垫等,而软钢纸垫多用于两结合件靠螺纹拧紧来连接的端面密封处,在装配过程中,纸垫不仅受到端面的压力,还受到螺纹拧紧的扭力作用。

现在比较常见的还有一种预涂胶纸垫。在汽车装配中可以直接使用,既简化了装配现场涂胶的工艺,又可确保涂胶质量,提高生产效率。这种纸垫可以用于变速器、水泵、发动机等部位的密封。

(2)软木。橡胶软木垫以橡胶和软木颗粒为主要原料制成。橡胶软木垫具有良好的耐油性,防漏油、漏气、漏水性能及弹性好,具有减振和自动补偿压力微变对防漏性能影响的能力。它受力后仅在受力方向上变形,而其他方向的外延变形很小。橡胶软木垫还具有在脱离接触压力后回弹性好的特点,可以多次重复使用。目前,橡胶软木垫在汽车上的使用部位主要有油底壳衬垫(图1-28)、化油器衬垫、汽缸水套孔衬垫等。

图1-28 汽车用油底壳衬垫

知识链接

【PET 聚对苯二甲酸乙二醇脂(聚酯)】"1号"PET常用于矿泉水瓶、碳酸饮料瓶等。

使用:它只能耐热至70℃,易变形。只适合装暖饮或冻饮,装高温液体或加热则易变形,并放出对人体有害的物质。

注意:饮料瓶不要循环使用装热水。不能放在汽车内晒太阳;不要装酒、油等物质。

【HDPE 高密度聚乙烯】"2号"HDPE常用于清洁用品、沐浴产品的包装。

使用:可在小心清洁后重复使用,不要再用来作为水杯,或者用来作为储物容器装其他物品。

注意:很难彻底清洁,建议不要循环使用。

【PVC 聚氯乙烯】"3号"PVC常用于常见雨衣、建材、塑料膜、塑料盒等。

使用:这种材质可塑性优良,价钱便宜,故使用很普遍。只能耐热81℃,高温时容易产生有害物质,甚至连制造的过程中都会释放有毒物。若随食物进入人体,可能引起乳癌、新生儿先天缺陷等疾病。

注意:不可用于食品的包装。

【LDPE 低密度聚乙烯】"4号"LDPE常用于保鲜膜、塑料膜等。

使用:耐热性不强,通常,合格的PE保鲜膜在遇温度超过110℃时会出现热熔现象,会留下一些人体无法分解的塑料制剂。

注意:用微波炉加热,不要用保鲜膜包裹食物。

【PP 聚丙烯】"5 号"PP 常用于微波炉餐盒。

使用：常见豆浆瓶、优酪乳瓶、果汁饮料瓶、微波炉餐盒。熔点高达167℃，是唯一可以安全放进微波炉的塑料盒，可在小心清洁后重复使用。

注意：放入微波炉时，把盖子取下。

【PS 聚苯乙烯】"6 号"PS 常用于碗装泡面盒、快餐盒。

使用：又耐热又抗寒，但不能放进微波炉中，以免因温度过高而释出化学物，容易使人致癌。尽量避免用快餐盒打包滚烫的食物。

注意：不要用微波炉煮碗装方便面。

【PC 其他类】"7 号"PC 其他类常用于水壶、水杯、奶瓶。

使用：百货公司常用这样材质的水杯当赠品。很容易释放出有毒的物质双酚A，对人体有害。

注意：使用时不要加热，不要在阳光下直晒。

 任务实施

一、任务准备

1. 组织方式

(1) 场地设施：智慧教室。

(2) 工具：纸、笔、工作页。

(3) 实施方式：将学生6~8人分为一组进行分组讨论。每组派出代表进行汇报，教师指导点评。

2. 操作要求

(1) 指导教师严格限制讨论时间，小组分工要明确。

(2) 分析和表述问题逻辑清晰。

(3) 遵守秩序，注意安全。

二、操作步骤

(1) 为图1-29所展示的零件选择合适的材料。

(2) 能描述汽车上常用的非金属材料，要求语言表达热情、真诚、流畅。

a)   b)

图 1-29

图 1-29 汽车零件

三、任务测评

任务测评表见表 1-10。

任务测评表　　　　　　　　　　　　　　　　　　　　表 1-10

班级	姓名	日期	自评	互评	教师
1. 能正确解答基础知识					
2. 能描述汽车上常用的非金属材料					
3. 能给图示零件选择的合适材料					
4. 在完成任务时，按照操作规程做到安全文明					
个人总结					
总体评价			教师签名		

 任务小结

（1）塑料是具有可塑性的、以天然或合成树脂为基础制成的材料，是在一定的温度和压力下可塑制成型并在常温下保持其形状不变的高分子材料。

(2)根据各种塑料不同的理化特性,可分为热塑性塑料和热固性塑料;按使用性能分类可分为通用塑料、工程塑料和特种塑料。

(3)橡胶指在使用温度范围内处于高弹性状态(高弹态)的高分子材料,分子量一般在几十万以上,有的甚至达到100万左右。橡胶广泛应用于弹性材料、密封材料、减振防振材料和传动材料。

(4)橡胶的分类:

①按原料来源分为天然橡胶和合成橡胶。

②按用途分为通用橡胶和特种橡胶。

③按物理状态分为生橡胶、熟橡胶、硬橡胶、混炼橡胶和再生橡胶。

(5)汽车用玻璃分为安全玻璃、夹层玻璃、钢化玻璃和区域钢化玻璃。

习题

一、判断题

1. 汽车的燃油箱、油封等也可以用塑料制作。　　　　　　　　　　　　(　　)
2. 木材、棉、毛、塑料是天然非金属材料。　　　　　　　　　　　　　(　　)
3. 树脂是塑料中最主要的成分。　　　　　　　　　　　　　　　　　　(　　)
4. 为了改变塑料的性能而加入的其他物质,通常称为添加剂。　　　　　(　　)
5. 塑料具有良好的导电性。　　　　　　　　　　　　　　　　　　　　(　　)
6. 汽车的保险杠不能用塑料。　　　　　　　　　　　　　　　　　　　(　　)
7. 车轮的内胎常用丁基橡胶。　　　　　　　　　　　　　　　　　　　(　　)
8. 丝绸是天然高分子材料。　　　　　　　　　　　　　　　　　　　　(　　)

二、选择题

1. 聚氯乙烯的代号是(　　)。
   A. PE　　　　　　　B. PVC　　　　　　　C. PC　　　　　　　D. NBR

2. 聚乙烯的代号是(　　)。
   A. PE　　　　　　　B. PVC　　　　　　　C. PC　　　　　　　D. NBR

3. 制造汽车轮胎的橡胶是(　　)。
   A. 金属　　　　　　B. 陶瓷　　　　　　　C. 无机非金属　　　D. 高分子材料

4. 电视机塑料壳是(　　)材料制造的。
   A. 金属　　　　　　B. 陶瓷　　　　　　　C. 高分子　　　　　D. 金属陶瓷复合

5. 代号为SBR的高分子材料是(　　)。
   A. 聚酰胺　　　　　B. 环氧树脂　　　　　C. 聚四氟乙烯　　　D. 丁苯橡胶

6. 汽车的前风窗玻璃宜用(　　)制作。
   A. 钢化玻璃　　　　B. 夹层玻璃　　　　　C. 中空玻璃　　　　D. 电热玻璃

7. 玻璃主要(　　)和各种金属氧化物组成。
   A. SiO_2　　　　　B. MgO　　　　　　　C. Al_2O_3　　　　D. CaO

8.利用热塑性塑料(　　)，若仅是划痕和裂纹损伤的汽车饰件，就可采用加热、黏结的方法，不用拆车就能方便快捷实现修复。

　　A.多次重复加工性　B.吸振消声性　　　C.耐蚀绝缘性　　　D.易于成型性

三、简答题

1. 聚乙烯(C=12,H=1)的聚合度 $n=10000$，试求聚乙烯的分子量。

2. 塑料如何分类？

3. 简述橡胶的用途与分类。

4. 简述玻璃的种类和特点。

项目二　工程力学一般应用

项目概述

要使汽车行驶,必须对其施加一个足以克服各种阻力的驱动力;汽车的驾驶与维修操作,都与受力相关。

本项目以汽车构造为主线,使学生掌握汽车常用机械结构件在平衡状态下的受力分析以及实用的计算,了解汽车常用机械结构件应满足的安全性、可靠性、经济性等方面的要求。

知识目标

1. 知道力的三要素及静力学的基本公理。
2. 掌握平面力系平衡条件。
3. 掌握构件四种基本变形的特点及强度、刚度、稳定性等基本概念。
4. 掌握汽车零部件转速、线速度、角速度和转矩等基本概念。

技能目标

1. 能进行汽车构件的受力分析和简单力学计算。
2. 能进行汽车构件变形时强度、刚度、稳定性等计算。
3. 能进行汽车车轮、飞轮、带轮等零部件的转速、线速度、角速度和转矩等计算。
4. 能分析汽车爬坡能力。

素养目标

1. 培养政治意识,树立正确的政治价值观。
2. 遵守职业道德,树立正确的职业理念。

学习任务1　分析与简单计算构件平面受力

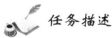
任务描述

在城市道路上,随处可见奔驰的汽车(图2-1)。我们都知道,驾驶人起动发动机,将变速器操纵杆移至前进挡,车就行驶起来了。但你知道车辆为什么会行驶吗?其中包含了哪些力学知识?车辆在静止状态时受到哪些力的作用?车辆在平地上直线行驶,又受到哪些力的作用呢?

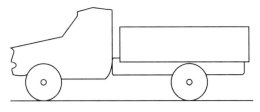

图 2-1　行驶中的汽车

 任务目标

1. 能描述静力学的基本定理。
2. 能够熟练运用静力学原理对构件进行受力分析。
3. 能够应用平衡条件求解工程力学问题。
4. 能自觉弘扬劳动精神、奋斗精神、奉献精神。

建议学时:12 学时。

 知识准备

一、刚体静力学基础

1. 静力学基本概念的认识

1) 力

力是物体间相互的机械作用,这种机械作用可以改变物体的运动状态或物体的形状。如图 2-2 所示,使物体的运动状态发生变化为力的外效应;使物体的形状发生改变为力的内效应。前者是静力学所研究的内容,而后者是材料力学所研究的内容。

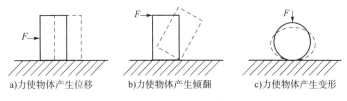

a) 力使物体产生位移　　b) 力使物体产生倾翻　　c) 力使物体产生变形

图 2-2　力作用的结果

实践表明,力对物体的作用效应取决于力的三要素,即力的大小、力的方向和力的作用点。这三个要素中,任何一个发生改变,则力对物体的作用效果也就随之改变。力是具有大小和方向的量,因此力是矢量。

力的大小表示物体之间相互作用的强弱程度。国际单位制中,以牛(N)或千牛(kN)为力的单位。

2）刚体

刚体是指受力作用后不变形的物体。实际上，任何物体在外力的作用下都要发生几何形状的改变，但是，在一般情况下所发生的变形与物体的几何尺寸相比较都比较微小，静力学中所研究的物体都均为刚体。

3）平衡与平衡力系

物体受到一力系作用而相对于地球静止或做匀速直线运动时，则认为该物体处于平衡状态。作用于该物体上的力系，称为平衡力系。物体的运动是绝对的，而静止是相对的，以地球为参照系，机件的平衡状态是指机件处于静止状态或做匀速直线运动，反之，如果机件是静止的或做匀速直线运动，则机件是处于平衡状态。

4）力系

作用于同一物体上两个力或多于两个以上的力称为力系。各力的作用线在同一平面内的力系称为平面力系，不在同一平面内的力系称为空间力系，各力的作用线能相交于一点的力系称为汇交力系，各力作用线相互平行的力系称为平行力系，各力作用线既不相交于一点又不相互平行的力系称为任意力系。如果作用于物体的力系可以用另一力系来代替而且效果相同，那么这两个力系互称等效力系。如果物体在某一力系作用下，其运动状态不变，则称此力系为平衡力系。

2. 静力学公理

静力学公理是人类在长期生活和生产实践中积累经验的总结，经过实践的反复检验证明是符合客观实际的，是建立静力学理论的基础。

公理一 二力平衡公理

作用在同一刚体上的两个力，使刚体保持平衡状态的充分和必要条件是：这两个力大小相等、方向相反且作用在同一条直线上（等值、反向、共线）。

二力平衡公理揭示了作用于物体上最简单的力系平衡时所必须满足的条件，如图 2-3 所示。用矢量式表示为：

$$F_1 = F_2 \quad 或 \quad F_1 - F_2 = 0 \tag{2-1}$$

图 2-3 二力平衡

公理二 加减平衡力系公理

在刚体上已知作用有任意力系时，若再加上或减去任意平衡力系后，并不改变原有力系对刚体的作用效应，即与原有力系等效，如图 2-4 所示。

公理三 力的平行四边形法则

作用在一个物体上同一点的两个力，可以合成为作用于该点的一个合力，合力的大小与方向，由这两个力为邻边所构成的平行四边形的对角线确定，称为力的平行四边形法则，如图 2-5 所示。

如图 2-5 所示，F_1 与 F_2 为作用于 O 点的两个力，以这两个力为邻边构成平行四边形 $OACB$，对角线 OC 为 F_1 与 F_2 的合力 F_R，用矢量式表示：

$$F_R = F_1 + F_2 \tag{2-2}$$

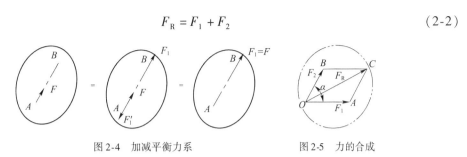

图 2-4 加减平衡力系   图 2-5 力的合成

公理四 作用与反作用公理

两个物体间的作用力与反作用力,总是大小相等、方向相反,沿着同一直线,但分别作用在两个物体上。

3. 约束与约束反力

如果物体在任何方向的运动都不受限制,这种物体称为自由体,运动受限制的物体称为非自由体,限制物体运动的其他物体称为约束,例如汽车发动机活塞只能在汽缸内做往复直线运动,活塞为非自由体,汽缸则为活塞的约束。

因为约束限制物体的运动,使其沿某些方向的运动被阻挡,从而使物体的运动状态得到改变,所以,约束的作用实际上就是一种力的作用。因此,物体受的力一般可分为两类:凡能主动引起物体运动状态改变或使物体运动状态有改变趋势的力,称为主动力,如物体受的重力、拉力、推力等。凡来自约束而对物体的运动起限制作用的力称为约束反力,如地脚螺栓、轴承、绳索和撑架等对物体约束的力。一般情况下,主动力的大小和方向是已知的,而约束反力的大小和方向则是未知的,而往往又是所要求的。约束反力取决于主动力作用情况和约束的形式。约束反力的方向总是和该约束所能阻碍的运动方向相反。

下面介绍工程上常见的几种约束类型。

1)柔性体约束及受力分析

由绳索、钢丝、链条、传动带等所形成的约束称为柔性约束。柔性约束阻碍物体沿柔性体伸长方向运动,但不能阻止物体其他任何方向的运动。所以,柔性体本身仅只能承受拉力,其约束反力作用于连接点,方向沿柔性体而背离物体,如图 2-6、图 2-7 所示。

图 2-6 所示的带传动中,柔性体传动带的约束反力沿轮缘切线方向。设图中小带轮为主动轮,进入小带轮的传动带为紧边,脱离小带轮的传动带为松边,紧边的拉力 T_{r1} 和 T'_{r1} 等值、反向、共线,松边的拉力 T_{r2} 和 T'_{r2} 也等值、反向、共线。图 2-6 中 T_{r1}、T'_{r1}、T_{r2}、T'_{r2} 均为约束反力。

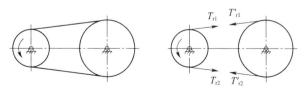

图 2-6 带传动及带传动受力分析

图 2-7 所示的重物起吊时,链索 AB、AC、AD 在重物重力作用下均受到拉力,链索 AB、AC

作用于重物 B、C 点的拉力为 F_B、F_C，作用于节点的拉力为 F'_B、F'_C、F_D，图 2-7 中 F_B、F_C、F'_B、F'_C、F_D 均为约束反力。

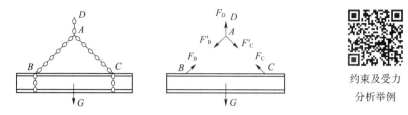

图 2-7　起吊重物及起吊重物时的受力分析

2）光滑面接触的约束及受力分析

两个互相接触的物体，若略去摩擦不计，接触面为理想的光滑面，则这类约束限制了物体沿接触面法线方向的运动，称为光滑面约束。在光滑面接触的约束中，约束反力的方向为沿接触面的公法线并且指向被约束的物体。图 2-8 所示为光滑面接触的约束及受力分析。图 2-8 中 F_N 为约束反力。

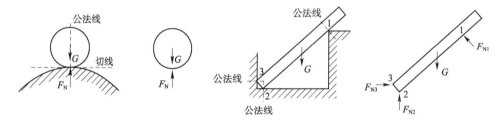

图 2-8　光滑面接触的约束及受力分析

3）光滑铰链约束及受力分析

两个带有圆孔的物体，用光滑圆柱形销钉相连接。受约束的两个物体都只能绕销钉轴线转动，称为圆柱形铰链约束。销钉对被连接的物体沿垂直于销钉轴线方向的移动形成约束，不能限制物体绕圆柱销轴线的转动和平行于圆柱销轴线的移动，如图 2-9 所示。

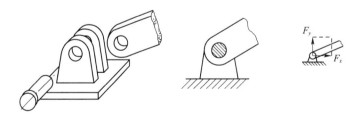

图 2-9　光滑铰链约束及受力分析

由于圆柱销与圆柱孔是光滑曲面接触，则约束反力应是沿接触线上的一点到圆柱销中心的连线上，垂直于轴线，但因为接触线的位置不能预先确定，因而约束反力的方向也不能预先确定。通常把它分解为 x 方向和 y 方向的两个互相垂直的约束反力，用 F_x 和 F_y 表示，如图 2-9 所示。

圆柱铰链约束在工程上的应用很广，常见的有以下几种。

（1）固定铰链支座约束。如图 2-9 所示，由一个固定底座和一个构件用销钉连接而成，称固定铰链支座。支座的约束反力用相互垂直的两个分力 F_x 和 F_y 表示。

(2) 铰链连接(中间铰约束)。如图 2-10 所示,两个相同圆孔的物体,用销钉连接起来,构成铰链连接,约束反力也用相互垂直的两个分力 F_x 和 F_y 表示。

(3) 活动铰链支座约束。如图 2-11 所示,在固定铰链支座的底部安装滚轮,形成活动铰链支座约束。工程中考虑温度变化引起约束力,常用于桥梁、行车等结构。活动铰链支座的约束反力垂直于支承面并通过铰链中心。

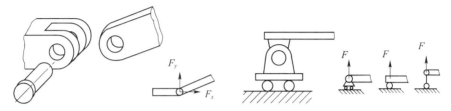

图 2-10　中间铰约束　　　　图 2-11　活动铰链支座约束

4. 物体的受力分析与受力图

解决静力学问题时,首先要明确研究对象,分析它的受力情况,确定哪些是已知的,哪些是未知的,作出受力分析图,然后建立相应的平衡方程进行计算。

画受力分析图,一般按以下步骤进行。

1) 确定研究对象,解除约束,画分离体

按问题的条件和要求,确定所研究对象(它可以是一个物体,也可以是几个物体的组合或整系统,也可以是某个节点),解除与研究对象相连接的其他物体的约束,用简单几何图形表示出其形状特征。

在解除约束的地方用相应的约束反力来代替约束的作用,被解除约束后的物体称为分离体。

2) 画主动力

在分离体上画出该物体所受到的全部主动力。

3) 画约束反力

在解除约束的位置,根据约束的不同类型,画出约束反力。

【**例 2-1**】 对图 2-12a)所示的活塞连杆机构(在发动机做功行程时)作受力分析(平衡状态),绘制受力图。

解:以活塞连杆机构整体为对象作受力分析如下:

(1) 燃料燃烧对活塞顶部产生压力 F。

(2) 将活塞的约束汽缸套去除,加上约束反力 F_C。

(3) 将曲轴轴承处约束去除,加上约束反力 F_{Ax}、F_{Ay}。

(4) 车辆行驶与传动系统产生的阻力矩 M。

(5) 绘制机构的受力图,如图 2-12b)所示。

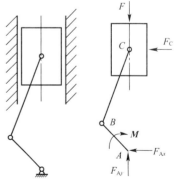

a)活塞连杆机构　b)绘制机构的受力图

图 2-12　活塞连杆机构的受力分析

【**例 2-2**】 如图 2-13a)所示,梁 AB 两端用固定铰链支座和活动铰链支座支承,在 C、D

处作用力 F_C、F_D，梁的自重不计，试画出梁 AB 的受力图。

解：以梁 AB 为对象，画梁 AB 的分离体图。

在梁 AB 标上主动力 F_C、F_D。解除 A 处固定铰链支座的约束，在 A 点处标上约束反力 F_{Ax}、F_{Ay}。解除 B 处活动铰链支座的约束，在 B 点处标上约束反力 F_B，方向垂直于光滑接触面，并指向梁 AB。

梁 AB 受力分析图如图 2-13b) 所示，梁 AB 受到主动力 F_C、F_D 和约束反力 F_{Ax}、F_{Ay}、F_B 作用而平衡。

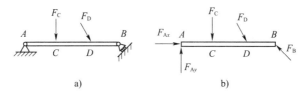

图 2-13 梁 AB 的受力分析

二、平面力系

1. 平面汇交力系与平衡分析

平面汇交力系

1) 几何法求平面汇交力系的合力

如图 2-14a) 所示，在物体 O 点作用有力 F_1、F_2、F_3、F_4，组成平面汇交力系，求合力 F_R 的大小和方向。

根据公理三，两个汇交力合成时的合力，可以由两个力所组成的平行四边形对角线来确定，将 F_1、F_2 组成合力 R_1，将 F_3、R_1 组成合力 R_2，依次得到合力 F_R。用几何法作图求合力 F_R 的大小和方向如图 2-14b)、c) 所示。

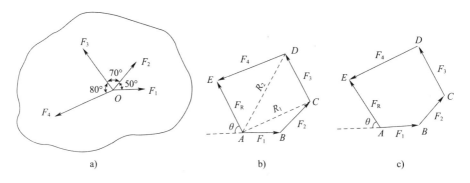

图 2-14 平面汇交力系与平衡分析

结论：平面汇交力系可以合成为一个合力，合力的大小等于力系中各力的矢量和，写成：

$$F_R = F_1 + F_2 + F_3 + F_4 \tag{2-3}$$

推广：由 n 个力组成的平面汇交力系，合力可写成 $F_R = F_1 + F_2 + \cdots + F_n = \sum F$。

2) 平面汇交力系平衡的几何条件

平面汇交力系可以合成为一个合力 F_R，说明 F_R 与原力系等效。如果在该力系加上一

个力 F'_R，满足 F'_R 与 F_R 等值、反向、共线，根据两力平衡公理可知，物体处于平衡状态，即 F_1、F_2、F_3、F_4、F'_R 为平衡力系，从图形上可知 F_2、F_3、F_4、F'_R 形成封闭的多边形。

结论：平面汇交力系若平衡，则力形成封闭的多边形，平面汇交力系的合力等于零。

3）解析法求合力

如图 2-15 所示，设力 F 作用于物体的 A 点，在力 F 作用线所在的平面内取直角坐标系 Oxy，将力 F 分别向 x 轴与 y 轴投影得 F_x、F_y，显然：

力在 x 轴上的投影 $F_x = F\cos\alpha$

力在 y 轴上的投影 $F_y = F\sin\alpha$ (2-4)

式中：α——力 F 与 x 轴的夹角。

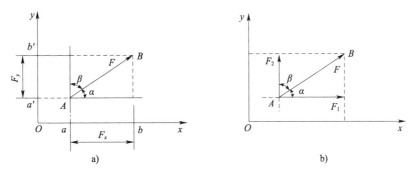

图 2-15 解析法求合力

一般规定：力的投影方向与 x 轴（或 y 轴）正向相同时为正值，反之为负值。

反之：当已知力 F 在 x 轴、y 轴上的投影时，由几何关系可求出力 F 的大小和方向。

$$\begin{cases} F = \sqrt{F_x^2 + F_y^2} \\ \tan\alpha = \left|\dfrac{F_y}{F_x}\right| \end{cases} \quad (2-5)$$

推广：由 n 个力组成的平面汇交力系，将各力向 x 轴投影，在 x 轴的合力为 $F_{Rx} = F_{x1} + F_{x2} + \cdots + F_{xn} = \sum F_x$。

将各力向 y 轴投影，在 y 轴的合力为 $F_{Ry} = F_{y1} + F_{y2} + \cdots + F_{yn} = \sum F_y$。

所以合力的大小和方向为：

$$F_R = \sqrt{F_{Rx}^2 + F_{Ry}^2} = \sqrt{(\sum F_x)^2 + (\sum F_y)^2}$$

$$\tan\alpha = \left|\frac{F_{Ry}}{F_{Rx}}\right| = \left|\frac{\sum F_y}{\sum F_x}\right| \quad (2-6)$$

4）平面汇交力系平衡方程及应用

平面汇交力系平衡的充分必要条件是力系的合力等于零：

要使 $\sum F_R = 0$，必须使：$\sum F_x = 0$，$\sum F_y = 0$。

【例 2-3】 如图 2-16 所示，支架在销 A 上悬吊重物 W，求杆 AB 和杆 AC 所受的力，杆 AB 和杆 AC 的自重不计。

解：以销 A 为对象作受力分析，如图 2-16b) 所示，列平衡方程求力 F_{AB}、F_{AC}。

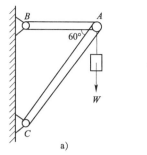
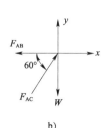

$\sum F_x = 0 \quad F_{AC}\cos60° - F_{AB} = 0$

得：$F_{AB} = \dfrac{\sqrt{3}}{3}W \approx 0.58W$

$\sum F_y = 0 \quad F_{AC}\sin60° - W = 0$

得：$F_{AC} = \dfrac{2\sqrt{3}}{3}W \approx 1.15W$

注意：要求能正确作受力分析图，正确列出平衡方程式，正确计算结果。

图 2-16 平面汇交力系平衡方程及应用

2. 力矩、力偶、平面力偶系与平衡分析

1）力矩的概念与计算

在实际生活中，力对物体的作用还会使物体产生转动。如图 2-17a）所示，用扳手拧螺母，力 F 能使扳手和螺母绕螺母中心 O 转动。这种转动效应与力 F 的大小有关，还与转动中心 O 点到力 F 作用线的垂直距离 d 有关，将它们的乘积用来度量平面力 F 对点 O 之矩，简称力矩，记作：

$$\boldsymbol{M}_0(F) = \pm Fd \tag{2-7}$$

式中：d——力臂。

转动中心 O 点称为矩心。力矩正负值规定：产生逆时针转动效应的力矩取正值，顺时针转动效应的力矩取负值，如图 2-17b）所示，力矩的单位为 N·m 或 kN·m。

图 2-17a）所示的力矩为顺时针转动，其值为 $\boldsymbol{M}_0(F) = -Fd$。

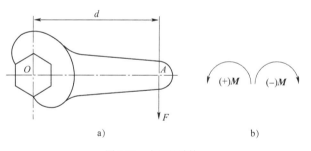

图 2-17 力矩的计算

2）力偶的概念与计算

在生产实践中经常遇到某物体受到大小相等、方向相反但不共线的两个平行力作用，如图 2-18 所示，驾驶人用双手操纵转向盘，由这两个力所组成的力系称为力偶。

力偶对刚体产生的转动效应，用力偶矩 M 来度量，记作：

$$\boldsymbol{M} = \pm Fd \tag{2-8}$$

式中：d——两个力作用线之间的垂直距离，称为力偶臂。

力偶正负值规定：产生逆时针转动效应的力偶取正值，顺时针转动效应的力偶取负值，力偶的单位为 N·m 或 kN·m，同力矩。

3）力偶的性质

（1）力偶对任何轴的投影都等于零。力偶没有合力，它不能

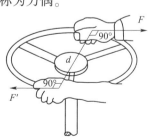

图 2-18 力偶的概念

用一个力来代替,也不能用一个力来平衡,只能用反向的力偶来平衡。

(2)力偶对其所在平面内任一点的力矩都等于一个常量,与矩心的位置无关。

(3)作用在刚体内同一平面上的两个力偶相互等效的条件是:两个力偶矩的大小相等,转向相同,可以同时改变力偶中力的大小和力偶臂的长短,而不改变它对刚体的效应。

4)平面力偶系的合成与平衡

(1)平面力偶系的合成。

作用在物体同平面内有多个力偶,称为平面力偶系,平面力偶系合成的结果是一个合力偶,其合力偶矩等于力偶系中各力偶矩的代数和,合力偶矩用 M_R 表示。

力偶的三要素

$$M_R = M_1 + M_2 + \cdots + M_n = \sum M \tag{2-9}$$

(2)平面力偶系的平衡方程及应用。

物体上作用有平面力偶,如果力偶系中各力偶对刚体作用的外效应互相抵消,即合力偶矩等于零,则物体处于平衡状态。因此,平面力偶系平衡的必要与充分条件是力偶系中各力偶的代数和等于零,即 $\sum M = 0$。

3. 平面任意力系的简化

在工程实际中,经常遇到平面任意力系的问题,即作用在物体上的力都分布或近似地分布在同一平面内,但它们的作用线是任意分布的。这些力组成的力系即为平面任意力系。

下面将讨论平面任意力系的简化问题。

1)力向一点平移

前面曾经提过,作用在刚体上的力,可以沿其作用线任意移动,而不改变力对刚体作用的外效应。但是,当力平行于原来的作用线移动时,便会改变对刚体的外效应。

如图2-19a)所示,观察作用在刚体上 A 点的力 F。当它平行移动到 B 点时会产生什么样结果?应该产生逆时针的转动,为使刚体保持原有状态,则应该作用一顺时针转动的力偶矩。如图2-19b)所示,在点 B 加一对大小相等、方向相反且与力 F 平行的力 F' 和 F'',并使 $F = F' = F''$,根据加减平衡力系公理,力系 F、F' 和 F'' 对刚体的作用与原来力 F 对刚体的作用等效。在力系 F、F' 和 F'' 中,F 和 F'' 组成一个力偶,用 M 表示,因此,作用于 A 点的力 F 平行移至 B 点后,变成一个力 F' 和一个力偶 M,其力偶矩为 F 对 B 点之矩。

$$M = M_B(F) = FL \tag{2-10}$$

式中:L——力 F 对于 B 点的力臂。

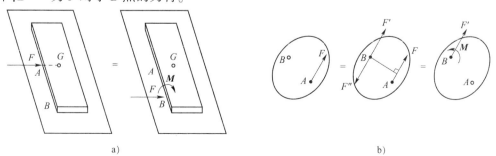

图2-19 力向一点平移

上述结果可以推广为一般结论:作用在刚体上的力,可以平行移动到刚体上的任意一点,但必须同时附加一个力偶,其力偶矩的大小,等于原来的力对新作用点之矩。反之,在平面内的一个力和一个力偶,可以用一个力来等效替换。

2)平面任意力系的简化

如图 2-20a)所示,设刚体上作用一个平面任意力系 F_1、F_2、F_3、$\cdots$、F_n,在力系的作用面内任意取一点 O,O 点称为简化中心。

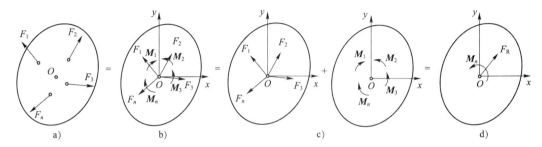

图 2-20 平面任意力系的简化

如图 2-20b)所示,应用力向一点平移的方法,将力系中的每一个力 F_1、F_2、F_3、$\cdots$、F_n 向 O 点平移,得到一个平面汇交力系和一个平面力偶系,如图 2-20c)所示。其中,平面汇交力系中各个力的大小和方向,分别与原力系中对应的各个力相同,但作用线互相平行;而平面力偶系中各个力偶的力偶矩,分别等于原力系中各个力对简化中心的力矩。

简化后的平面汇交力系和平面力偶系可以分别合成一合力 F_R 和一合力偶 M_0,如图 2-20d)所示。

F_R 又称为原力系的主矢,为简化后平面汇交力系各力的矢量和,即:

$$F_R = F_1 + F_2 + F_3 + \cdots + F_n = \sum_{i=1}^{n} F_i \tag{2-11}$$

M_0 又称为原力系对简化中心的主矩,是各附加力偶的力偶矩的代数和,也等于原力系中所有的力对简化中心之矩,即:

$$\begin{aligned} M &= M_1 + M_2 + M_3 + \cdots + M_n = \sum M \\ &= M_0(F_1) + M_0(F_2) + M_0(F_0) + \cdots + M_0(F_n) \\ &= \sum M_0(F) \end{aligned} \tag{2-12}$$

将 F_{Rx} 和 F_{Ry} 分别表示为主矢 F_R 在 x 轴和 y 轴上的投影,则:

$$\begin{cases} F_{Rx} = F_{1x} + F_{2x} + F_{3x} + \cdots + F_{nx} = \sum F_x \\ F_{Ry} = F_{1y} + F_{2y} + F_{3y} + \cdots + F_{ny} = \sum F_y \end{cases} \tag{2-13}$$

上式表示,平面任意力系的主矢 F_R 在 x 轴和 y 轴上的投影,等于力系中各个力在 x 轴和 y 轴上投影的代数和。也就是说,若已知力系中各个力在 x 轴和 y 轴上投影的代数和,能很容易求得主矢 F_R 的大小和方向。

$$F_R = \sqrt{F_{Rx}^2 + F_{Ry}^2} = \sqrt{(\sum F_x)^2 + (\sum F_y)^2}$$

$$\tan\alpha = \left| \frac{F_{Ry}}{F_{Rx}} \right| = \left| \frac{\sum F_y}{\sum F_x} \right| \tag{2-14}$$

综上所述,可得如下结论:平面任意力系向作用面内任一点 O 简化,可以得到一个力和一个力偶。该力作用于简化中心 O,其大小及方向等于原力系的主矢;该力偶之矩等于原力系对简化中心的主矩。

由于主矢只是原力系的矢量和,它完全取决于原力系中各力的大小和方向,因此,主矢与简化中心的位置无关,而主矩等于原力系中各力对简化中心之矩的代数和,选择不同位置的简化中心,各力对它的力矩也将改变,因此,主矩与简化中心的位置有关,故主矩 M_O 右下方标注简化中心的符号。

力系向一点简化的方法是一种适用于任何复杂力系的普遍方法。

3)固定端约束

如图 2-21a)所示,固定端约束是一种常见约束。例如,深埋电线杆的根部、建筑物的根部等都属于固定端约束。固定端约束特点是,它既限制物体的移动又限制物体的转动。固定端处受力分布比较复杂,接触面上产生分布的约束力系,但如果主动力为平面力系,这一分布约束力系也是平面力系,如图 2-21b)所示。在平面问题中,利用力系向一点简化的方法,将这一分布力系向作用平面内 A 点简化,可得到一约束反力和一约束力偶。因约束反力的方向预先无法判断,通常用互相垂直的两个分力 F_{Ax} 和 F_{Ay} 表示。

所以,固定端约束用 F_{Ax}、F_{Ay}、M_A 表示,如图 2-21c)所示。

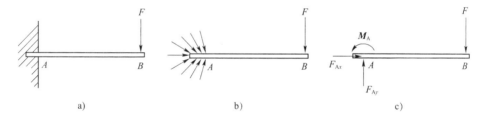

图 2-21 固定端约束力及简化

4. 平面任意力系平衡方程及应用

平面任意力系简化后的结果是:分解为一个平面汇交力系和一个平面力偶系。如果平面任意力系使物体处于平衡,则平面汇交力系使物体处于平衡,平面力偶系使物体处于平衡。所以,平面任意力系平衡的充分和必要条件是:力系的主矢为零,力系的主矩为零。

所以,平面任意力系平衡的解析条件为:

$$\begin{cases} \sum F_x = 0 \\ \sum F_y = 0 \\ \sum M_O(F) = 0 \end{cases} \quad (2\text{-}15)$$

式(2-15)也称为平面任意力系的平衡方程。

【例 2-4】 如图 2-22a)所示的起重臂,横梁 BC 重 $W_1 = 2\text{kN}$,拉杆 AB 自重不计,两杆之间的角度 $\angle ABC = 30°$,电动葫芦 D 连同重物共重 $W_2 = 6\text{kN}$。起重臂各尺寸如图 2-22 所示,试求拉杆 AB 所受的拉力和铰链 C 处的约束力。

解:(1)选取横梁 BC 为研究对象,作受力分析,画受力图,如图 2-22b)所示。

作用于横梁 BC 上的力有:横梁 BC 的中点有重力 W_1、电动葫芦 D 连同重物的载荷 W_2、拉杆 AB 的拉力 F_{AB}、铰链 C 处的约束反力 F_{Cx} 及 F_{Cy}。

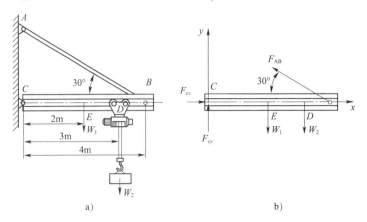

图 2-22 起重臂衡量力的计算

(2)建立图示的直角坐标系 Cxy,列平衡方程。

$$\sum M_C(F) = 0 \quad F_{AB}\sin30° \times 4 - W_1 \times 2 - W_2 \times 3 = 0$$
$$\sum F_x = 0 \quad F_{Cx} - F_{AB} \cdot \cos30° = 0$$
$$\sum F_y = 0 \quad F_{AB} \cdot \sin30° + F_{Cy} - W_1 - W_2 = 0$$

(3)代入数值,求解未知量。

$$F_{AB} = \frac{W_1 \times 2 + W_2 \times 3}{\sin30° \times 4} = \frac{2 \times 2 + 6 \times 3}{0.5 \times 4} = 11(\text{kN})$$

$$F_{Cx} = F_{AB} \cdot \cos30° = 11 \times 0.866 = 9.53(\text{kN})$$

$$F_{Cy} = W_1 + W_2 - F_{AB} \cdot \sin30° = 2 + 6 - 11 \times 0.5 = 2.5(\text{kN})$$

所以,杆 AB 受拉力 11kN,铰链 C 处的约束反力 F_{Cx} = 9.53kN(向右),F_{Cy} = 2.5kN(向上)。

5. 摩擦时的平衡问题简介

为了使问题简化,前面各节都把物体间的接触面看成是绝对光滑的,将摩擦忽略不计。实际上,绝对光滑的接触面是不存在的,物体表面都具有不同的粗糙度,当两物体间有相对滑动趋势时,在接触面会产生阻止相对运动趋势的力,这种阻力称为摩擦力。在有些情况下,摩擦是不容忽视的,如汽车的螺旋千斤顶,要靠摩擦锁紧。

按照接触物体之间可能会产生相对滑动或相对滚动,摩擦分为滑动摩擦和滚动摩擦。

当相互接触的两个物体产生相对滑动或有相对滑动趋势时,接触面间有阻碍滑动的力存在,这种力称为滑动摩擦力,简称摩擦力。

1)静滑动摩擦力

如图 2-23a)所示,设重为 W 的物体放在一固定的水平面上,并给物体作用一水平方向的推力 F。当推力 F 较小时,物体不动但有向右滑动的趋势,为使物体平衡,接触面上除了有一个法向反力 F_N 外,还存在一个阻止物体滑动的力 F_f,如图 2-23b)所示,力 F_f 称为静滑动摩擦力,简称静摩擦力,它的方向与两物体间相对滑动趋势的方向相反,大小可根据平衡方程求得:

$$F = F_f \tag{2-16}$$

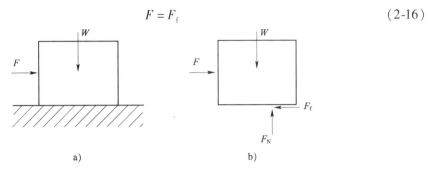

图 2-23 静摩擦力

静摩擦力 F_f 随着主动力 F 的增大而增大,但静摩擦力与一般约束反力不同的是,它并不随主动力 F 的增大而无限增大。当主动力 F 增大到某一极限值时,物体处于将要滑动而未滑动的临界状态时,此时静摩擦力达到最大值,称为最大静摩擦力,以 F_{fmax} 表示。

因此,静摩擦力 F_f 的值,在零与最大静摩擦力之间,即:

$$0 \leq F_f \leq F_{fmax} \tag{2-17}$$

实验证明,最大静摩擦力的大小与法向反力 F_N 成正比,即:

$$F_{fmax} = f \cdot F_N \tag{2-18}$$

这就是静滑动摩擦定律。式中,比例常数 f 称为静滑动摩擦因数,简称静摩擦因数。f 的大小与接触物体的材料及表面状况(粗糙度、温度、湿度等)有关,与接触面积的大小无关。

2)动滑动摩擦力

在图 2-23 中,当主动力 F 增大到略大于 F_{fmax} 时,最大静摩擦力不能阻止物体滑动。物体间就有了相对滑动,亦有了相对速度,这时接触面之间的滑动摩擦力,称为动滑动摩擦力,简称动摩擦力,用 F' 表示。动摩擦力的方向与相对速度方向相反。

实验证明,动摩擦力 F' 的大小也与法向反力成正比,即:

$$F' = f' \cdot F_N \tag{2-19}$$

这就是动滑动摩擦定律。式中,f' 称为动滑动摩擦因数(简称动摩擦因数),它除与接触面的材料、表面粗糙度、温度、湿度有关外,还与物体相对滑动速度有关。一般可近似认为动摩擦因数与静摩擦因数相等,动摩擦力 F' 略小于最大静摩擦力 F_{fmax}。

3)摩擦角

如图 2-24a)所示,物体只受到重力 W 与法向约束力 F_N(称为法向反力或正压力)作用而平衡,无滑动趋势,摩擦力为零。

当在物体上施加一水平推力 F 时,如图 2-24b)所示,物体与水平面间有相对运动的趋势,便产生摩擦,摩擦力的大小随物体状态而变化。

如图 2-24c)所示,此时物体受到接触面的总约束力 F_R 为法向约束力 F_N 与切向约束力 F_f(静摩擦力)合力,又称全反力。

$$F_R = F_N + F_f \tag{2-20}$$

总约束力 F_R 的大小:

$$F_R = \sqrt{F_N^2 + F_f^2} \tag{2-21}$$

其方向与接触面法线的夹角为 φ。

如图 2-24d)所示,当物体处于临界平衡状态时,总约束力 F_R 为:$F_R = F_N + F_{fmax}$。

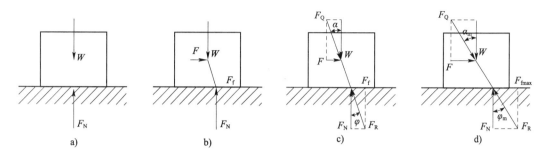

图 2-24 摩擦角

夹角 φ 也达到最大值 φ_m,φ_m 称为摩擦角。

$$\tan\varphi_m = \frac{F_{fmax}}{F_N} = \frac{f \cdot F_N}{F_N} = f \qquad (2-22)$$

式(2-22)说明,摩擦角的正切就等于静摩擦因数 f,表示总约束力 F_R 偏离接触面公法线的最大角度。

4)自锁现象

当物体处于静止状态时,主动力系的合力 F_Q 与总约束力 F_R 共线、大小相等、方向相反。F_Q 与法线夹角 α 等于 F_R 与法线的夹角 φ_m,如图 2-25 所示。

摩擦角表示静止时总约束力 F_R 作用的范围。如果主动力系的合力 F_Q 的作用线位于如

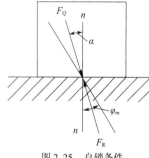

图 2-25 自锁条件

图 2-25 所示的区域,即 $\alpha < \varphi_m$,则主动力系的合力 F_Q 无论怎样增大,总约束力 F_R 总能与之平衡。这表明在此范围内,主动力系的合力 F_Q 增大,法向反力 F_N 也增大,最大静摩擦力 F_{fmax} 也对应地增大,因此 F_Q 沿切向方向的分量总也不能超过最大静摩擦力 F_{fmax},所以物体总能保持静止。

只要主动力系合力的作用线位于摩擦角内,则无论这个合力的数值有多大,物体总能保持静止,这种现象称为自锁。自锁的条件为 $\alpha \leq \varphi_m$。

自锁被广泛地应用在工程上,如保证螺旋千斤顶在被升起的重物重力 W 作用下不会自动下降,则千斤顶的螺旋升角 α 必须小于摩擦角 φ_m。而自卸货车的车斗能升起的仰角必须大于摩擦角 φ_m,卸货时才能处于非自锁状态。

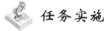 任务实施

一、任务准备

1. 组织方式

(1)场地设施:智慧教室。

(2)工具:纸、笔、工作页。

(3)实施方式:将学生6~8人分为一组进行分组讨论。每组派出代表进行汇报,教师指导点评。

2. 操作要求

(1)指导教师严格限制讨论时间,小组分工要明确。

(2)分析和表述问题逻辑清晰。

(3)遵守秩序,注意安全。

二、操作步骤

(1)用自制工件及扭力扳手,拧紧螺栓到规定力矩(图2-26)。

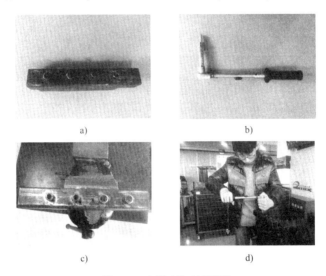

图2-26 自制工件,拧紧螺栓

(2)完成下列计算。

①如图2-27所示,杆AB和杆AC铰接于A点,在销A上挂一重为G的物体,求杆AB、杆AC所受的力。

②如图2-28所示,重G的球体A,用绳子系在墙壁上,α=30°,求球体A的约束力。

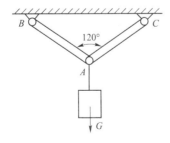
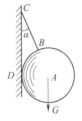

图2-27 计算物体的力　　　图2-28 计算球体的约束力

③试求图2-29中各梁的支座约束力。已知$F=6\text{kN}, q=2\text{kN/m}, M=2\text{kN}\cdot\text{m}, a=1\text{m}$。

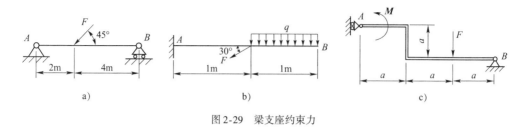

图 2-29 梁支座约束力

(3)想一想:钳工在攻螺纹时,为什么忌用单手操作,而必须同时用两手握扳手,还要用力相等均匀。

三、任务测评

任务测评表见表 2-1。

任务测评表　　　　　　　　　　　　　　　表 2-1

班级		姓名		日期		自评	互评	教师
1. 能正确解答基础知识								
2. 能完成简单计算								
3. 能描述二力平衡公理与作用反作用公理的区别								
4. 能描述平面任意力系解题步骤与方法								
5. 能正确使用扭力扳手,拧紧螺栓到规定力矩								
6. 在完成任务时,按照操作规程做到安全文明								
个人总结								
总体评价					教师签名			

 任务小结

(1)静力学主要研究力系的简化及物体在力系作用下的平衡问题,静力学公理是静力学理论的基础。

(2)限制物体运动的物体称为约束。约束阻碍物体运动趋向的力称为约束反力,约束反力的方向与约束限制物体运动趋向方向相反,掌握工程上常见的约束,正确标注约束反力。

(3)解决力学问题,能正确地进行受力分析的关键步骤,是正确地画出受力图,受力图应画在单独的隔离体上。受力图上应画出物体所受的外力,不画内力,既不要漏画力也不要多画力。

(4)力矩是力对于物体的转动效应的度量。力对任意点 O 的矩,等于 F 与矩心到力作用线的垂直距离的乘积。力对点的矩是代数量。平面汇交力系的合力对其点的矩,等于各分力对该点的矩的代数和,又称为合力矩定理。

(5)力偶是由等值、反向、不共线的两平行力组成的力系。力偶作用的效应取决于力偶矩的大小,转向和力偶作用面的方位。力偶矩的值为力偶中任一力与力偶臂的乘积。

力偶只能与力偶等效,不能与力等效。力偶只能与力偶平衡,不能与力平衡。

(6)平面力偶系的合成:得一合力偶、平面力偶系的平衡方程为合力偶为零。

(7)平面任意力系的简化方法:力向力系作用面内任一点(简化中心)平移。简化结果:得一平面汇交力系和一平面力偶系。

(8)平面任意力系平衡的充分必要条件是:$\sum F_x=0$,$\sum F_y=0$,$\sum M_O(F)=0$。

平面任意力系有三个独立的平衡方程,可解三个未知量。

(9)滑动摩擦力有三种情况。

①静摩擦力,其大小由平衡条件确定,方向与相对滑动趋势相反。

②最大静摩擦力 F_{fmax},是临界摩擦力,其大小 $F_{fmax}=f \cdot F_N$,方向与相对滑动趋势相反。

③动摩擦力 F',其大小 $F'=f' \cdot F_N$,方向与相对滑动方向相反。

摩擦力在 $0 \leq F \leq F_{fmax}$ 范围内。

(10)只要主动力系合力的作用线位于摩擦角内,则无论这个合力的数值有多大,物体总能保持静止,这种现象称为自锁。

习题

一、判断题

1. 构件作用在一个平面汇交力系中,并处于平衡状态,该汇交力系的合力一定为零。（　　）
2. 用平衡方程解出未知力为负值,则表明:
  A. 该力的真实方向与受力图上力的方向相反; （　　）
  B. 该力在坐标轴上的投影一定为负值。 （　　）
3. 考虑摩擦时画物体的受力图,摩擦力的指向是可以任意假定的。 （　　）
4. 物体间相互的机械作用,总是大小相等、方向相反、作用线相同且作用在同一物体上。
  （　　）
5. 构件在等值反向共线的二力作用下一定处于平衡状态。 （　　）
6. 作用两个力的构件是二力构件。 （　　）
7. 力的作用点沿作用线移动后,其作用效果改变了。 （　　）
8. 力对一点之矩,会因力沿其作用线移动而改变。（　　）

二、选择题

1. 静力学把物体看作刚体,是因为(　　)。
  A. 物体受力不变形　　　　　　　B. 物体的硬度很高
  C. 抽象的力学模型　　　　　　　D. 物体的变形很小
2. 力偶对物体产生的运动效应为(　　)。
  A. 只能使物体转动
  B. 只能使物体移动
  C. 既能使物体转动,又能使物体移动
  D. 它与力对物体产生的运动效应有时相同,有时不同

3. 汇交二力,其大小相等并与合力一样大,此二力之间的夹角必为( )。
   A. 0°　　　　　B. 90°　　　　　C. 120°　　　　　D. 180°

4. 一物体受到两个共点力的作用,无论是在什么情况下,其合力( )。
   A. 一定大于任意一个分力
   B. 至少比一个分力大
   C. 不大于两个分力大小的和,不小于两个分力大小的差
   D. 随两个分力夹角大小的增大而增大

5. 平面内三个共点力的大小分别为3N、9N和6N,它们的合力的最大值和最小值分别为( )。
   A. 24N和3N　　　B. 18N和0　　　C. 6N和6N　　　D. 12N和9N

6. 力偶在( )的坐标轴上的投影之和为零。
   A. 任意　　　　B. 正交　　　　C. 与力垂直　　　D. 与力平行

7. 驾驶人操控汽车主要有节气门和离合器踏板、驻车制动和变速器操纵杆、转向盘等三种形式,这里力学概念依次是( )的作用。
   A. 力矩、力偶和力矩　　　　　B. 力矩、力矩和力偶
   C. 力偶矩、力矩和力偶　　　　D. 力矩、力偶和力偶矩

8. ( )并非力的三要素之一。
   A. 力的大小　　B. 力的方向　　C. 力的作用点　　D. 力的作用线

三、计算题

1. 如下图所示,固定在墙壁上的圆环受3条绳索的拉力作用,力F_1沿水平方向,力F_3沿铅直方向,力F_2与水平线呈40°角。3个力的大小分别为$F_1 = 2000N$, $F_2 = 2500N$, $F_3 = 1500N$。求3个力的合力。

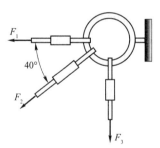

2. 在图示刚架的点B作用一水平力F,刚架重量略去不计。求支座A、D的约束力F_A和F_D。

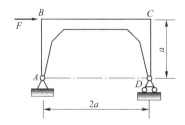

3. 如下图所示,刚架上作用力 F,试分别计算力 F 对点 A 和 B 的力矩。

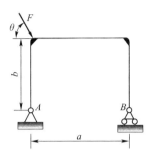

4. 如下图所示结构中,各构件的自重不计。在构件 AB 上作用一力偶矩为 M 的力偶,求支座 A 和 C 的约束力。

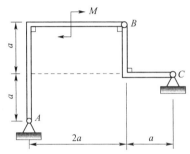

5. 无重水平梁的支撑和载荷如图 a)、图 b) 所示。已知力 F、力偶矩为 M 的力偶和强度为 q 的均匀载荷。求支座 A 和 B 的约束力。

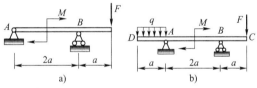

6. 如下图所示,梯子 AB 靠在墙上,其重力为 $P=200\text{N}$。梯长为 l,并与水平面交角 $\theta=60°$。已知接触面间的静摩擦因数均为 0.25。今有一重力为 650N 的人沿梯向上爬,问人所能达到的最高点 C 到点 A 的距离 s 应为多少?

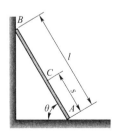

学习任务2　计算刚体定轴转动的转速、转矩和功率

任务描述

汽车行驶过程中,驾驶人根据道路情况,不断地改变车轮的转动速度,以适应道路状况的变化。汽车上的车轮、飞轮、皮带轮、齿轮等零部件的运动都是围绕一条固定不动的直线转动,分别计算转速、转矩和功率等。

任务目标

1. 能简述刚体定轴转动的概念。
2. 能描述刚体定轴转动的转速、线速度、角速度、转矩的基本概念。
3. 能计算刚体定轴转动的转速、线速度、角速度、转矩。
4. 能自觉弘扬劳动精神、奋斗精神、奉献精神。

建议学时:2 学时。

知识准备

一、刚体定轴转动的概念

汽车上的飞轮、皮带轮、齿轮及发电机转子等零部件的运动都具有一个特点,就是在运动过程中,零部件都绕其体内的一条固定不动的直线做圆周运动。具有这种特点的运动,称为刚体绕固定轴的转动,简称转动。

二、角速度和线速度

1. 角速度

物体转动的快慢常用角速度来衡量。一个转动的物体,其上的点 a 在 t 内绕轴 O 转动到点 a',如图 2-30 所示,设转过的角度为 φ。转动的角度与所用时间的比值,称为角速度,即单位时间内物体所转过的角度,常用 ω 表示:

$$\omega = \frac{\varphi}{t} \tag{2-23}$$

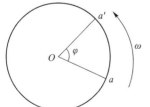

图 2-30　角速度计算

角速度的单位为弧度/秒(rad/s),1rad 等于弧长与半径相等的圆弧所对应的圆心角,每一圈为360°,亦即 2π rad。由数学知识可知,物体旋转一圈为转过 2π rad。

工程上习惯用每分钟的转速来表示物体转动的快慢程度,即转速。转速用字母 n 表示,单位为转/分(r/min)。转速与角速度的关系为:

$$\omega = 2\pi n (\text{rad/min}) = \frac{2\pi n}{60}(\text{rad/s}) = \frac{\pi n}{30}(\text{rad/s})$$

2. 线速度

设传输带带轮的转速为 ω,传输的速度 v 就是指线速度,用来表示单位时间内物体的位移。

$$v = \frac{s}{t} \tag{2-24}$$

式中:s——位移,m;

t——时间,s;

v——线速度,m/s。

如果转动物体上某点的转动半径为 r,单位时间内转过的角度为 φ,则通过的路程 $s=\varphi r$。

$$v = \frac{s}{t} = \frac{\varphi r}{t} = \omega r \tag{2-25}$$

由式(2-25)可知,绕定轴转动的刚体上任一点的线速度,等于角速度 ω 与该点到转轴距离 r 的乘积,其方向沿圆周的切线并与刚体转动的方向一致。

三、功率、转矩与转速的计算

力在单位时间内所做的功,称为功率,用 P 来表示。功率等于力在运动方向(即速度方向)上的大小与速度的乘积,即:

$$P = Fv \tag{2-26}$$

式中:F——力在运动方向上的大小,N;

v——物体的运动速度,m/s。

工程上,功率的常用单位是 kW,转矩与功率和转速可表示为:

$$\boldsymbol{M}_0 = 9550 \frac{P}{n} \tag{2-27}$$

式中:$\boldsymbol{M}_0$——转矩,N·m;

P——功率,kW;

n——转速,r/min。

由式(2-27)可知,转矩与功率成正比,与转速成反比。如驾驶汽车爬坡时,通常降低转速来增大转矩的方式,能够提高爬坡能力。

任务实施

一、任务准备

1. 组织方式

(1)场地设施:智慧教室。

(2)工具:纸、笔、工作页。

(3)实施方式:将学生6~8人分为一组进行分组讨论。每组派出代表进行汇报,教师指导点评。

2. 操作要求

(1)指导教师严格限制讨论时间,小组分工要明确。
(2)分析和表述问题逻辑清晰。
(3)遵守秩序,注意安全。

二、操作步骤

(1)汽车发动机的功率 $P=100\text{kW}$,当传动轴的转速 $n=1200\text{r/min}$ 时,其输出的转矩为多少?当转速 $n=600\text{r/min}$,传动轴输出的转矩又是多少?
(2)在相同转速下,不同转动半径对线速度有什么影响。
(3)用转矩与功率、转速的关系,分析驾驶汽车提高爬坡能力。

三、任务测评

任务测评表见表2-2。

任务测评表　　　　　　表2-2

班级		姓名		日期		自评	互评	教师
1. 能正确解答基础知识								
2. 能描述角速度和线速度								
3. 观察曲轴的工作过程视频,能描述功率、转矩与转速的关系								
4. 在描述时,语言恰当,口齿清晰								
个人总结								
总体评价						教师签名		

 任务小结

(1)在运动过程中,零部件都绕其体内的一条固定不动的直线做圆周运动,具有这种特点的运动,称为刚体绕固定轴的转动,简称转动。
(2)物体转动的快慢常用角速度来衡量。
(3)速度 v 是指线速度,用来表示单位时间内物体的位移。
(4)力在单位时间内所做的功,称为功率。
(5)工程上习惯用每分钟的转速来表示物体转动的快慢程度,即转速 n。

习题

一、判断题

1. 汽车变速器齿轮、发电机带轮和转子等,工作时都是定轴转动。（　）
2. 因为车轮转得越快,车速就越快,所以车辆速度和车轮转速就是一个概念。（　）
3. 静平衡对定轴转动刚体是必须做到的,如汽车发动机曲轴、飞轮等。（　）
4. 重力、摩擦力或它们的合力,都可作为物体做匀速圆周运动的向心力,没有单独向心力。（　）
5. 匀速圆周运动,因为速度始终不变,故可简称做匀速运动。（　）
6. 物体转动的快慢常用速度来衡量。（　）
7. 力在单位时间内做的功,称为功率。（　）
8. 转速 n 与角速度 ω 的关系为 $\omega=\pi n/30$; ω 的单位 rad/s; n 的单位是 r/min。（　）

二、选择题

1. 汽车转弯通常要减速缓行,主要是因为(　　)。
   A. 在弯道,视线必被限制　　　　B. 在弯道,路面附着因数太大
   C. 车速快,车辆的离心力也大　　D. 车速快,路面提供的向心力不够大
2. 柴油机离心调速器的工作原理是利用飞球的(　　)。
   A. 离心力　　B. 自身旋转　　C. 线速度　　D. 重力
3. 漂移是一项汽车运动。发生漂移时,车轮角速度与车辆线速度的关系是(　　)。
   A. 车轮角速度与车辆线速度成正比　　B. 车轮角速度与车辆线速度成反比
   C. 车轮角速度与车辆线速度无规律　　D. 车轮角速度与车辆线速度正相等
4. 为了减少汽车通过时对桥的压力,通常桥梁采用(　　)。
   A. 水平路面　　B. 横坡路面　　C. 凸形路面　　D. 凹形路面
5. 汽车轮胎更换后对车轮总成应进行(　　)。
   A. 静平衡　　B. 动平衡　　C. 稳定平衡　　D. 随遇平衡
6. 在力的作用下绝对不发生变形的物体称为(　　)。
   A. 液体　　B. 刚体　　C. 固体　　D. 硬物
7. 一般来说,物体受到的力可分为两类,即(　　)。
   A. 主动力和被动力　　　　B. 重力和惯性力
   C. 主动力和约束反力　　　D. 约束力和约束反力
8. 合力(　　)分力。
   A. 大于　　B. 等于　　C. 小于　　D. 不一定大于

三、简答与计算题

1. 简述刚体定轴转动的概念。

2. 简述角速度和线速度的概念。

3. 简述某汽车的发动机额定功率为 84kW, 行驶在水平路面上受到的阻力是 2.1kN, 求汽车在发动机额定功率下匀速行驶的速度。

在同样阻力下, 如果行驶速度只有 54km/h, 发动机输出的实际功率是多少?

4. 简述利用皮带传动, 用电动机拖动一个真空泵。电动机上装一半径为 0.1m 的轮子, 真空泵上装一半径为 0.28m 的轮子。如果电动机的转速为 1400 r/min, 则真空泵上的轮子的边缘上一点的线速度是多少? 真空泵的转速是多少?

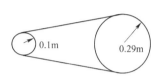

5. 汽车发动机的功率 $P = 120$kW, 当传动轴的转速 $n = 1400$r/min 时, 其输出的转矩为多少? 如果输出转矩要达到 955N·m, 传动轴的转速应该是多少?

学习任务 3 分析构件变形的基本类型

 任务描述

汽车构件之间的连接,很多采用了如销钉、键、螺栓、铆钉等连接,仔细观察汽车底盘的大梁,其截面是如何放置的。在外力作用下,构件是能否正常工作? 变形过大是否会影响构件的工作精度?

 **任务目标**

1. 能分析构件变形的基本类型。
2. 能描述构件变形的主要原因。
3. 能完成各种变形条件下,构件内力、应力等计算。
4. 能自觉弘扬劳动精神、奋斗精神、奉献精神。

建议学时:12 学时。

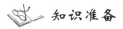

强度、刚度与稳定性的概念

一、轴向拉伸或压缩变形

1. 强度、刚度与稳定性的概念

机械零件受力后会发生一定程度的变形。零件变形过大时,会丧失工作精度,引起噪声,降低使用寿命,甚至发生破坏。为了保证机器安全可靠地工作,要求每一构件在外力作用下,应具有足够的强度、足够的刚度、足够的稳定性。

(1)强度:抵抗破坏的能力。
(2)刚度:抵抗变形的能力。
(3)稳定性:保持平衡的能力。

2. 变形

工程结构或机械的每一构件均承受一定的外力。在外力的作用下,其尺寸及形状总会有不同程度的改变,这种改变一般称为变形。

变形分为两类,弹性变形和塑性变形。

外力作用下构件产生变形,随外力去除而能消失的变形称为弹性变形;外力去除后构件无法恢复原样的变形称为塑性变形。

实验证明,当外力不超过某一限度时,出现弹性变形。若外力超过某一限度,即使外力去除后,构件的形状和尺寸也不能完全恢复原状,即产生塑性变形。

构件在外力的作用下,不仅使构件产生变形,而且随着外力的增大,达到一定值时,构件将被破坏。

为保证机械或工程构件的正常工作,应满足强度、刚度和稳定性的要求。

构件的几何形状大致归为四类,即杆、板、壳、块,材料力学的主要研究对象是杆件。

杆件在不同形式外力作用下会产生不同形式变形。外力形式有拉(压)载荷、剪切载荷、扭转载荷、弯曲载荷或上述几种组合,相应也产生拉伸(压缩)变形、剪切和挤压变形、扭转变形、弯曲变形或上述几种组合变形,如图2-31所示。

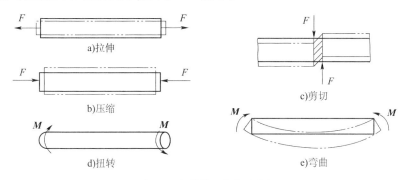

图2-31 杆件的基本变形形式

3. 轴力、轴力图

对于所研究的构件,其他构件或物体作用于其上的力均为外力。构件在外力作用下产生变形,其内部各质点之间的相互作用力发生变化,因外力作用而引起的构件内部各质点之间的相互作用力的变化量,称为内力(又称为轴力)。在一定限度内,轴力随外力的增大而增加,若轴力超过了限度,则构件将被破坏。在材料力学中一般应用截面法来分析内力,如图 2-32 所示。

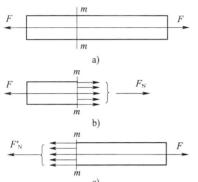

图 2-32 截面法求拉杆的内力

1)截面法求杆件的内力

图 2-32a)所示的拉杆,为了分析和计算其轴力,确定任一截面 m-m 上的轴力,假设沿该截面将杆一截为两段,任意取一段分析其轴力(图 2-32 为弃右段分析左段,左段仍是平衡),所以在截面 m-m 上有一个连续分布轴力的合力 F_N 作用(图 2-32b),该合力(轴力)F_N 是右段杆件对左段的作用力,由静力平衡条件可得"$F_N = F$"。反之,取右段来研究可得相同结果,如图 2-32c)所示。

由此可得出结论,拉压杆受轴向拉伸或压缩时,横截面上的轴力 F_N 是一个沿杆件轴线的力。因轴力可以是受拉也可以是受压,规定受拉的轴力为"+",受压的轴力为"-"。

在确定了拉压杆的内力后,还不能判断杆件的强度是否足够。如有两根材料相同但直径不同的拉杆,在同样拉力的作用下,它们的内力相同,但当拉力逐渐增大时,应该是细杆先被拉断。这说明杆件的强度不仅与内力大小有关,还与截面的面积有关。横截面积小(细的杆件)的杆件,单位面积上的内力就大,反之横截面积大(粗的杆件)的杆件,单位面积上的内力就小。这就引进了应力的概念,即单位面积上内力大小。

2)直杆轴向拉伸或压缩时横截面上的应力

材料在单位横面积上的内力称为应力,用"σ"表示。

$$\sigma = \frac{F_N}{A} \tag{2-28}$$

式中:F_N——拉压杆横截面上的轴力,N;

A——拉压杆的横截面面积,mm^2;

σ——应力,MPa。

(或 F_N 的单位为 N,A 的单位为 m^2,则应力 σ 单位为 Pa,1MPa = 10^6Pa)

应力也有正负,拉应力为"+",压应力为"-"。

【例 2-5】 如图 2-33a)所示,在直杆中段正中铣一槽,直杆受轴向载荷 $F = 15kN$ 的作用,已知 $h = 25mm, h_0 = 10mm, b = 15mm$,试求直杆内的最大正应力。

解:(1)用截面法求直杆内力(轴力)。

由截面法可知,截面 1-1、截面 2-2 处的轴力相同:

$$F_{N1} = F_{N2} = -F = -15kN$$

(2)求直杆内的最大正应力。

分析：整个杆件上轴力相同，最大正应力发生在面积较小的横截面上，即图中铣槽部分的横截面上，如图2-33b)所示2-2剖面，所以：

$$\sigma_{max} = \frac{F_{N2}}{A_2} = \frac{F_{N2}}{(h-h_0) \times b} = \frac{15 \times 10^3}{(25-10) \times 15} = 66.7(\text{MPa})$$

负号表示最大应力为压应力。

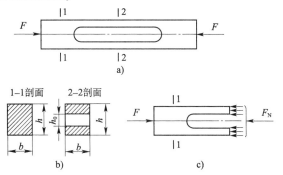

图2-33 计算直杆内力

4. 轴向拉压杆的变形、胡克定律

由实验得出，在比例极限内（在弹性变形范围内）正应力 σ 与正应变 ε 成正比，即：$\sigma \propto \varepsilon$，引进比例系数 E（各种材料的 E 查机械手册），即：

$$\sigma = E\varepsilon \tag{2-29}$$

式(2-29)称为胡克定律，式中 E 称为材料的弹性模量，量纲与 σ 相同。

实验还指出，在弹性变形范围内，杆的绝对变形量 Δl 与轴力 F、杆长 l 成正比，与杆的横截面面积 A、材料的弹性模量 E 成反比。

所以，胡克定律另一表达方式为：

$$\Delta l = \frac{F_N l}{EA} \tag{2-30}$$

5. 拉压杆的强度计算

1) 许用应力和安全系数

由拉伸试验知道，当应力达到屈服极限 σ_s 时，会引起明显的塑性变形，当应力达到强度极限 σ_b 时，会引起断裂。显然，构件在工作时发生明显的塑性变形或断裂都是不允许的，所以 σ_s 和 σ_b 都称为材料的极限应力；对塑性材料而言，因 $\sigma_s < \sigma_b$，通常以屈服极限 σ_s 为极限应力，对脆性材料，因没有屈服阶段，故以强度极限 σ_b 作为极限应力。

为了保证构件能安全可靠地工作，应该使其工作应力（即构件工作时由载荷引起的应力）低于材料的极限应力。又因为构件工作时的载荷难以准确估计，材料也不像假设的那样绝对均匀，并且构件在工作时可能遇到超载或其他未能估计到的不利工作条件，所以要求构件有一定的强度储备，留有充分余地，以保证其正常工作。一般是将极限应力除以大于1的系数 n，作为构件工作时允许的最大应力，这个允许的最大应力称为许用应力，用 $[\sigma]$ 表示，

而 n 称为安全系数。

对塑性材料 　　　　　　　$[\sigma] = \sigma_s / n_s$

对脆性材料 　　　　　　　$[\sigma] = \sigma_b / n_b$ 　　　　　　　(2-31)

还应注意,脆性材料在拉伸与压缩时许用应力是不同的。

在上述的许用应力$[\sigma]$中,所有材料的屈服极限 σ_s 或强度极限 σ_b 的数据都是由国家权威机构通过实验获得,我们可以通过查阅有关手册得到。但安全系数取得过小,则构件强度储备不足,构件工作时安全可靠度低;若安全系数取得过大,构件工作时安全可靠了,但设计的机器或构件尺寸过大,结构粗笨,浪费材料。所以安全系数取值,要考虑较多因素,如构件工作条件、载荷和应力计算的准确程度、材料的均匀性、制造工艺等。一般从有关设计手册查阅,取 $n_s = 1.5 \sim 2.0$, $n_b = 2.5 \sim 3.0$。

2) 拉(压)杆的强度条件

为了保证构件能安全可靠地工作,拉(压)杆的实际工作应力不得超过材料许用应力,即：

$$\sigma = \frac{N}{A} \leq [\sigma] \tag{2-32}$$

式(2-32)称为拉(压)杆的强度条件。应用此强度条件,可以进行下述三方面的强度计算：

(1) 强度校核。已知杆件的材料、截面尺寸、所承受的载荷,应用式(2-32)可校核杆件是否满足强度要求。若计算出 $\sigma \leq [\sigma]$,则强度足够;若计算出 $\sigma \geq [\sigma]$,则强度不够。

(2) 设计截面尺寸。已知杆件所承受的载荷、材料的许用应力,将式(2-32)改写为 $A \geq N/[\sigma]$,由此确定杆件的横截面,然后确定杆件的截面尺寸。

(3) 确定许用载荷。已知杆件的截面尺寸、材料的许用应力,将式(2-32)改写为 $N \leq A \cdot [\sigma]$,计算出杆件所允许承受的轴力,然后确定构件的许用载荷。

二、剪切与挤压的分析

1. 剪切

如图 2-34 所示,当拉力 F 增加时,可能被切断。其受力特点是:螺栓受到一对大小相等、方向相反、作用线平行且相距很近的外力作用。其变形特点是:螺栓沿两个力作用线之间的截面发生相对错动,这种变形称为剪切变形。发生相对错动的面称为剪切面。剪切面上与截面相切的内力称为剪力,用 F_s 表示。

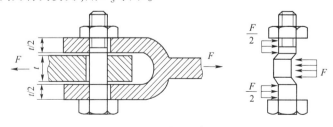

图 2-34　剪切实例

2. 剪切的实用计算

由于连接件发生剪切而使剪切面上产生了切应力 τ,切应力在剪切面上的分布情况一般比较复杂,工程中为便于计算,通常认为切应力在剪切面上是均匀分布的。由此得切应力 τ 的计算公式为:

$$\tau = \frac{F}{A} \tag{2-33}$$

式中：F——剪切面上的剪力,N；

A——剪切面面积,mm^2；

τ——切应力,MPa。

为保证连接件工作时安全可靠,要求切应力不超过材料的许用切应力。由此得剪切的强度条件为:

$$\tau = \frac{F}{A} \leqslant [\tau] \tag{2-34}$$

式中：$[\tau]$——材料的许用切应力。

常用材料的许用切应力可从有关手册中查得。

同拉压应力计算一样,也有三种应用。

(1) 强度校核:

$$\tau = \frac{F}{A} \leqslant [\tau] \tag{2-35}$$

(2) 计算许可载荷:

$$F \leqslant A[\tau] \tag{2-36}$$

(3) 设计截面尺寸:

$$A \geqslant \frac{F}{[\tau]} \tag{2-37}$$

3. 挤压的实用计算

如图 2-35 所示,连接件在发生剪切变形的同时,它在传递力的接触面上也会受到较大的压力作用,接触面处会产生局部显著的塑性变形,铆钉孔被压成长圆孔。这种现象称为挤压。

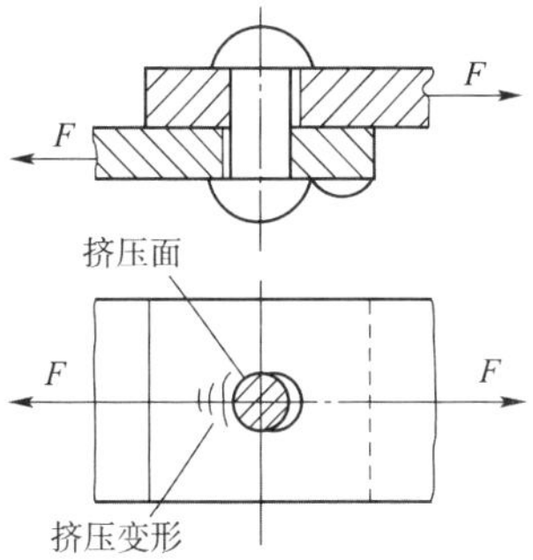

由挤压力引起的应力称为挤压应力,用 σ_{jy} 表示。在挤压面上挤压应力分布相当复杂,工程中也通常认为挤压应力在计算挤压面上近似均匀分布。由此得挤压应力 σ_{jy} 的计算公式为:

$$\sigma_{jy} = \frac{F_{jy}}{A_{jy}} \tag{2-38}$$

图 2-35 挤压实例

式中：F_{jy}——挤压面上的挤压力,N；

A_{jy}——计算挤压面积,mm^2；

σ_{jy}——挤压应力,MPa。

当挤压面为平面时,计算挤压面积即为实际挤压面面积；当挤压面为圆柱面时,计算挤压面积等于圆柱面的正投影面积,如图 2-36 所示。

为保证连接件具有足够的挤压强度而正常工作,其强度条件为:

$$\sigma_{jy} = \frac{F_{jy}}{A_{jy}} \leq [\sigma_{jy}] \tag{2-39}$$

同拉压应力计算一样,也有三种应用:
(1)强度校核;
(2)计算许可载荷;
(3)设计截面尺寸。

三、圆轴扭转的分析

1. 扭转的概念

观察与了解汽车传动轴的受力特点,在轴的两端受一对大小相等、方向相反、作用面垂直于轴线的两力偶作用,如图 2-37 所示。

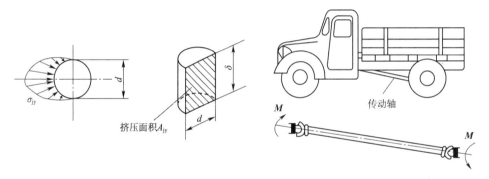

图 2-36 圆柱面挤压面　　　　图 2-37 汽车传动轴的受力特点

其变形特点是,杆件的轴线保持不变,各横截面绕轴线产生相对转动。这种变形称为扭转变形。在实际工作中,受扭转作用的构件很多,工程上将承受扭转的杆件通常称为轴。

2. 圆轴扭转时的外力偶矩计算

在工程上,作用于轴上的外力偶矩,除了用力×力臂表示,在给出轴所传递的功率 P 和轴的转速 n,也可求得轴上的外力偶矩。功率 P、转速 n 和外力偶矩 M 之间的关系如下式表示:

$$M = 9550 \frac{P}{n} \tag{2-40}$$

式中: P——功率,kW;
　　　n——转速,r/min;
　　　M——外力偶矩,N·m。

3. 圆轴扭转时的内力计算

圆轴扭转时求内力思考的方法同拉压和剪切一样,也是用截面法求内力,再研究应力分布和计算,导出强度条件。

如图 2-38 所示,设轴 AB 在一对大小相等、转向相反的外力偶矩 **M** 作用下产生扭转变形,假想用 m-m 截面将轴 AB 截开分成两部分,任取一段(图 2-38 取左段研究),在截面 m-m 上分布的内力必然构成一个内力偶 T,并且处于平衡状态。

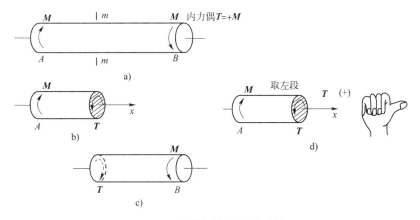

图 2-38 圆轴扭转时的内力计算

4. 圆轴扭转时的正负规定

用右手螺旋法则:四指沿内力偶 T 的转动方向,看拇指的指向,若拇指的指向离开截面时,则规定扭矩为正,反之,若拇指指向截面时则扭矩为负,如图 2-39 所示。

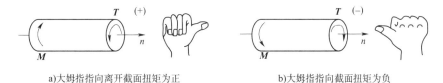

a) 大姆指指向离开截面扭矩为正　　　　　　b) 大姆指指向截面扭矩为负

图 2-39 圆轴扭转时的正负规定

5. 扭矩图

为了确定轴上最大扭矩的位置,找出危险截面,常用一种图形来表示各横截面的扭矩随截面位置变化的规律,这种图形称为扭矩图。

【例 2-6】 一传动轴如图 2-40 所示,其转速 n 为 300r/min,主动轮 A 的输入功率 P_A = 220kW。从动轮 B、C 的输出功率分别为 P_B = 148kW,P_C = 72kW。试求轴 AC 段、AB 段的扭矩,并作扭矩图。

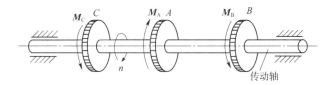

图 2-40 传动轴扭矩

解:

(1) 分析:轴上有多个外力偶矩,所以轴各段的扭矩是不相等的。

(2)计算各轮上的外力偶矩。

$$M_A = 9550\frac{P_A}{n} = 9550 \times \frac{220}{300} = 7 \times 10^3 (\text{N} \cdot \text{m})$$

$$M_B = 9550\frac{P_B}{n} = 9550 \times \frac{148}{300} = 4.7 \times 10^3 (\text{N} \cdot \text{m})$$

$$M_C = 9550\frac{P_C}{n} = 9550 \times \frac{72}{300} = 2.3 \times 10^3 (\text{N} \cdot \text{m})$$

应用截面法并按平衡条件计算轴 AC 段、AB 段的内力偶矩 T_{AC}、T_{AB}；求轴 AC 段的内力偶矩 T_{AC}，将轴 AC 段截开，取左部分为对象做分析，如图 2-41 所示。$T_{AC} = -M_C = -2300\text{N} \cdot \text{m}$。

(3)求轴 AB 段的内力偶矩 T_{AB}。

将轴 AB 段截开，取左部分为对象分析，如图 2-42 所示。

$$T_{AB} = -M_C + M_A = -2300 + 7000 = 4700 (\text{N} \cdot \text{m})$$

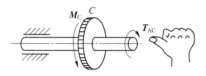
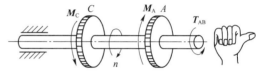

图 2-41　内力偶矩计算　　　　　图 2-42　AB 段内力偶矩

(4)绘制扭矩图，如图 2-43 所示。

通过扭矩图，我们可以清晰地看出，轴 AB 段承受的扭矩要大。

6. 圆轴扭转时横截面上切应力分布规律

圆轴扭转时横截面上切应力分布规律如图 2-44 所示。

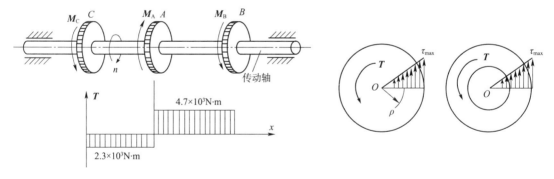

图 2-43　绘制扭矩图　　　　　图 2-44　切应力分布规律

圆轴横截面边缘点的切应力最大。最大切应力 τ_{max} 为：

$$\tau_{max} = \frac{T}{W_\rho} \tag{2-41}$$

式中：W_ρ——抗扭截面系数，mm^3。

抗扭截面系数 W_ρ 只与截面形状、尺寸有关，不同的截面形状有不同的计算公式。

对于直径为 D 的实心圆轴，抗扭截面系数 W_ρ 为：

$$W_\rho = \frac{\pi D^3}{16} \approx 0.2D^3$$

对于空心圆轴,设内径为 d,外径为 D,其内外直径比值 $\alpha = d/D$;其 W_ρ 为:

$$W_\rho = \frac{\pi D^3}{16}(1-\alpha^4) \approx 0.2D^3(1-\alpha^4) \qquad (2-42)$$

7. 圆轴扭转的强度条件及应用

圆轴受到扭转变形后,产生最大切应力的横截面是最危险的。为了保证圆轴有足够的强度而不破坏,要求圆轴工作时,要求最大切应力不超过材料的许用切应力,即:

$$\tau_{\max} = \frac{T_{\max}}{W_\rho} \leqslant [\tau] \qquad (2-43)$$

式中: $[\tau]$——材料的许用切应力,MPa;
  $T_{\max}$——危险横截面上的扭矩,N·mm;
  $\tau_{\max}$——最大切应力,MPa。

式(2-43)称为圆轴扭转时的强度条件。

应用圆轴扭转的强度条件,可以解决下述三类问题的强度计算:

(1)强度校核;
(2)设计截面尺寸;
(3)确定许用载荷。

【例 2-7】 某汽车的传动轴是由 45 号无缝钢管制成。轴的外径 $D = 90\text{mm}$,壁厚 $t = 2.5\text{mm}$,传递的最大力偶矩 $M = 1.5\text{kN·m}$,材料的许用切应力 $[\tau] = 60\text{MPa}$。要求:

(1)校核轴的强度;
(2)若改用相同材料的实心轴,并要求它和原轴的强度相同,试设计其直径;
(3)比较空心轴和实心轴的质量。

解:

(1)传动轴各截面的扭矩:$T = M = 1.5\text{kN·m}$。

抗扭截面系数为:

$$W_\rho = \frac{\pi D^3}{16}(1-\alpha^4) = \frac{\pi \times 90^3}{16}\left[1-\left(\frac{85}{90}\right)^4\right] = 29280(\text{mm}^3)$$

最大切应力为:

$$\tau_{\max} = \frac{T_{\max}}{W_\rho} = \frac{1.5 \times 10^6(\text{N·mm})}{29280(\text{mm}^3)} = 51.2\text{MPa} < 60\text{MPa}$$

故轴的强度足够。

(2)改用相同材料的实心轴,并要求它和原轴的强度相同,即 $[\tau] = 51.2\text{MPa}$,则:

$$W_\rho = \frac{T_{\max}}{[\tau]} = \frac{\pi D_1^3}{16}$$

解得:$D_1 = 53\text{mm}$。

(3)比较空心轴和实心轴的质量。

$$\frac{G_1}{G} = \frac{\dfrac{\pi D_1}{4}}{\dfrac{\pi(D^2-d^2)}{4}} = \frac{53^2}{90^2-85^2} = 3.2$$

计算结果表明,在强度相等的条件下,空心轴比实心轴节省材料。因此,空心圆截面是圆轴扭转时的合理截面形状。

四、梁弯曲的分析

1. 平面弯曲

1) 平面弯曲的概念

杆件的弯曲变形是工程中常见的四种基本变形形式之一,如图2-45所示。

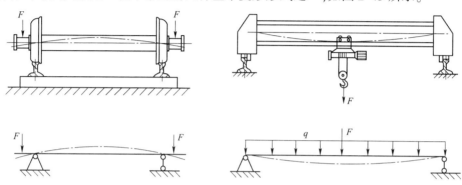

图2-45 弯曲变形

(1) 特点:作用于杆件上的外力垂直于杆件的轴线,使轴线由直线变为曲线。这种形式的变形称弯曲变形,以弯曲变形为主的杆件称为"梁"。

(2) 平面弯曲:工程上绝大多数的梁,都有一根对称轴,通过梁轴线和横截面对称轴的平面称为纵向对称平面。当梁上的外力都作用在对称平面内时,梁的轴线将弯曲成一条仍位于纵向对称平面内的平面曲线。这种情况下的弯曲变形称为平面弯曲。

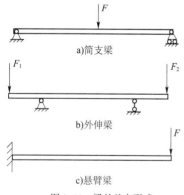

图2-46 梁的基本形式
a) 简支梁 b) 外伸梁 c) 悬臂梁

2) 梁的基本形式

梁分三种基本形式(图2-46)。

(1) 简支梁:一端是固定铰链支座,另一端是活动铰链支座,如图2-46a)所示。

(2) 外伸梁:简支梁具有一个或两个外伸端,如图2-46b) 所示。

(3) 悬臂梁:一端为固定端,另一端为自由端,如图2-46c)所示。

3) 剪力 F_N 和弯矩 M

同前面分析方法一样,用截面法研究梁的内力,进行受力分析,如图2-47a)所示简支梁,作用有力 F 而处于平衡状态。假想将梁的横截面 m-m 处截开,分为左右两段,取左段为对象作受力分析,求指定截面 m-m 处的剪力 F_N 和弯矩 M。

(1) 受力分析,列平衡方程,求支座反力 F_A、F_B。

$$\sum m_B = 0 \quad F_A l - F(l-x) = 0$$

得:

$$F_A = \frac{F(l-a)}{l}$$

$$\sum m_A = 0 \quad F_B l - Fa = 0$$

得：
$$F_B = \frac{Fa}{l}$$

（2）用截面法求梁上指定截面的内力。
$$M = F_N \cdot x$$
$$F_N = F_A = \frac{F(l-a)}{l}$$

同样：若取右边为对象作受力分析，得同样的结论。

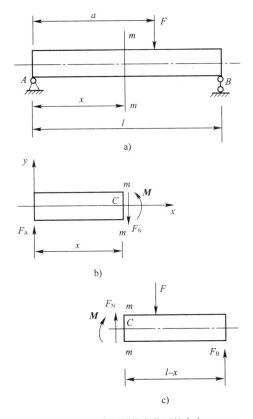

图 2-47 求梁的指定截面的内力

（3）对剪力 F_N 和弯矩 M 的正、负规定。

①对剪力 F_N 的正、负规定如图 2-48 所示；所以，在图 2-47 中，F_A 对截面 m-m 处产生的剪力 F_N 为正值。

图 2-48 剪力 F_N 的正、负规定

②对弯矩 M 的正、负规定如图 2-49 所示。所以，在图 2-47 中，F_A 对截面 m-m 处产生的弯矩 M 为正值。

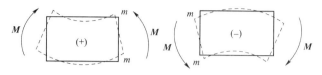

图 2-49 弯矩 M 的正、负规定

(4)利用弯矩、剪力和载荷集度间的关系画剪力图和弯矩图。

为了直观地表示梁的各横截面上的剪力 F_N 和弯矩 M 沿轴线变化的情况,可用图形来表示。这种图分别称为剪力图和弯矩图。

从均布载荷、集中力、力偶作用处内力的变化规律,将剪力图、弯矩图和梁上载荷三者之间一些常见的规律列出,见表 2-3。

剪力图、弯矩图和梁上载荷的常见规律对比　　　　表 2-3

外力情况	$q<0$(向下)	无荷载段	集中力 F 作用处	集中力偶 M 作用处
剪力图上的特征	↘(向下斜直线)	水平线	突变,突变值为 F	不变
弯矩图上的特征	(下凸抛物线)	斜直线	有尖点	有突变,突变值为 M
最大弯矩可能的截面位置	剪力为零的截面	—	剪力突变的截面	弯矩突变的某一侧

2. 其他规律

(1) $|M|_{max}$ 可能发生在剪力为零处、集中力作用处、集中力偶作用处。

(2) q 突变反向,剪力图有尖点,弯矩图有凸凹性反转拐点。

(3) 载荷图关于梁左右对称,则剪力图关于梁中点反对称,弯矩图左右对称;荷载图关于梁中点反对称,则剪力图左右对称,弯矩图关于梁中点反对称。

在掌握弯矩、剪力和载荷集度间的关系之后,有助于直接地正确和简捷绘制剪力图和弯矩图,同时也可检查已绘制好的剪力图和弯矩图,判断其正误。

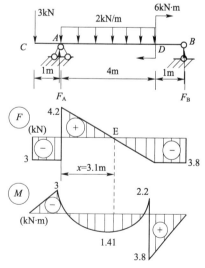

图 2-50 简支梁的剪力图和弯矩图

【例 2-8】 外伸梁 AB 承受载荷如图 2-50 所示。利用 M、F、q 之间的关系,画出如图 2-50 所示简支梁的剪力图和弯矩图,求最大剪力 $|F_{Nmax}|$,最大弯矩 $|M_{max}|$。

解:

(1) 求支反力。

$$F_A = 7.2kN, F_B = 3.8kN$$

(2) 判断各段 F_n、M 图形状。

CA 和 DB 段 $q=0$,F_n 水平线,M 图为斜直线。

AD 段:F_n 图为向下斜直线,M 图为下凹抛物线。

先确定各分段点的 F_n、M 值,用相应形状的线条连接。

观察剪力图和弯矩图得:

$$|F_n|_{max} = 4.2kN, |M|_{max} = 3.8kN·m$$

3. 梁的正应力分布

1) 纯弯曲的概念

从前述中知道,一般情况下,梁的横截面上既有剪力又有弯矩。实验表明,当梁较为细长时,存在最大弯矩的截面是危险截面,该截面上的正应力是决定梁是否破坏的主要因素。下面将分析纯弯曲梁横截面上的正应力。

2) 弯曲变形特征

(1) 为了解梁的变形规律,做平面弯曲试验(图 2-51)。

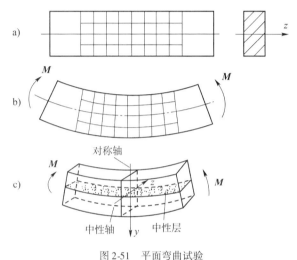

图 2-51 平面弯曲试验

(2) 从试验中可看到,梁产生平面纯弯曲后,各纵向线变成曲线,靠近梁底面的纵线伸长,靠近顶面的纵线缩短。横线仍保持直线,只是相对地转了一个角度,但与变形后的纵线垂直。纯弯曲梁的横截面在变形前为平面,变形后仍为平面。

(3) 假设梁由许多纵向纤维组成,说明梁弯曲后顶面上的纵向纤维缩短受压应力,梁底面上的纵向纤维伸长受拉应力,梁中存在一个层,其纵向纤维既不缩短也不伸长,该层称为中性层,中性层与梁横截面的交线称为中性轴。

3) 正应力分布规律

梁横截面上的正应力分布规律,如图 2-52 所示。

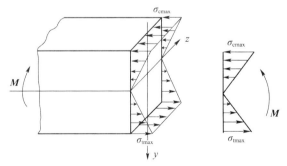

图 2-52 梁横截面上的正应力分布规律

4. 梁的弯曲正应力强度条件

上述分析表明,对等截面梁,最大正应力发生在梁的危险截面顶面与底面的边缘处,为了保证梁能正常地工作,必须使梁横截面上的最大正应力不超过材料的弯曲许用应力$[\sigma]$,所以梁的弯曲正应力强度条件为:

$$\sigma_{max} = \frac{|M_{max}|}{W_Z} \leq [\sigma] \quad (2\text{-}44)$$

本式适用于抗拉和抗压能力相同的材料,对于像铸铁等之类的脆性材料,因抗拉和抗压能力的不同,即许用拉应力$[\sigma_t]$和许用压应力$[\sigma_c]$的不同,应分别建立拉应力和压应力的强度条件:

$$\sigma_{tmax} = \frac{|M_{max}|}{W_Z} \leq [\sigma_t] \quad \sigma_{cmax} = \frac{|M_{max}|}{W_Z} \leq [\sigma_c] \quad (2\text{-}45)$$

式中:W_Z——横截面对中性轴z的抗弯截面系数,与横截面的形状、尺寸有关,mm^3。

M_{max}——梁危险截面的弯矩,$N·mm$。

对于矩形截面的梁(图2-53a):

$$W_Z = \frac{bh^2}{6} \quad (2\text{-}46)$$

对于圆形截面的梁(图2-53b):

$$W_Z = \frac{\pi d^3}{32} \quad (2\text{-}47)$$

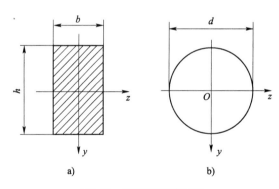

图2-53 矩形和圆形截面梁

应用弯曲的强度条件,解决工程中强度校核、确定许用载荷、设计截面尺寸三类问题的强度计算。

【**例2-9**】 如图2-54所示的简支梁,已知$q = 2.4kN/m$,$l = 4m$,$[\sigma] = 150MPa$,试确定正方形截面与矩形截面($h = 2b$)的尺寸,比较它们截面积的大小。

解:

(1)取梁AB为对象作受力分析,列平衡方程求支座反力F_A、F_B。

因图形对称,所以:

$$F_A = F_B = \frac{1}{2}ql = \frac{1}{2} \times 2.4 \times 4 = 4.8(kN)$$

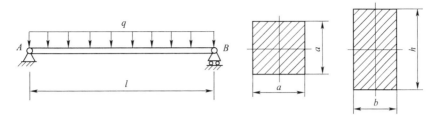

图 2-54 简支梁示意图

(2)经分析,判断危险截面在梁的中点,所以最大弯矩为:

$$M_{max} = F_A \times \frac{l}{2} = 4.8 \times 2 = 9.6(kN \cdot m)$$

(3)确定正方形截面的尺寸:

$$W_Z \geq \frac{M_{max}}{[\sigma]} = \frac{9.6 \times 10^6 (N \cdot mm)}{150(MPa)} = 64000 mm^3$$

$$W_Z = \frac{a^3}{6} = 64000(mm)$$

所以,正方形截面的边长 $a = 72.7mm$,正方形的面积为 $5285mm^2$。

(4)确定矩形截面的尺寸:

$$W_Z = \frac{bh^2}{6} = \frac{b \times (2b)^2}{6} = 64000(mm)$$

得:$b = 45.8mm$,$h = 91.6mm$,矩形的面积为 $4195mm^2$。

所以,同等的承载能力,正方形的截面积要大于矩形的截面积。

5. 提高梁强度的主要措施

(1)合理安排梁的支座。
(2)合理布置梁上的载荷。
(3)合理选择梁的截面。

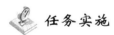 任务实施

一、任务准备

1. 组织方式

(1)场地设施:智慧教室。
(2)工具:纸、笔、工作页。
(3)实施方式:将学生6~8人分为一组进行分组讨论。每组派出代表进行汇报,教师指导点评。

2. 操作要求

(1)指导教师严格限制讨论时间,小组分工要明确。
(2)分析和表述问题逻辑清晰。

（3）遵守秩序，注意安全。

二、操作步骤

完成下列练习。

（1）受扭转圆轴横截面上扭矩方向如图 2-55 中箭头所示，图中扭转切应力的分布是正确的。

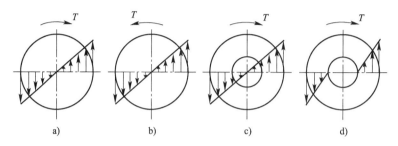

图 2-55　受扭转圆轴横截面上扭矩方向

（2）如图 2-56 所示空心圆截面杆，外径 $D=20\text{mm}$，内径 $d=15\text{mm}$，承受轴向荷载 $F=20\text{kN}$ 作用，材料的屈服应力 $\sigma_s=235\text{MPa}$，安全因数 $n=1.5$。试校核杆的强度。

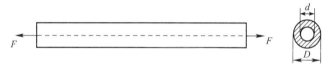

图 2-56　空心圆截面杆

（3）如图 2-57 所示一传动轴，转速 $n=200\text{r/min}$，轮 A 为主动轮，输入功率 $P_A=60\text{kW}$，轮 B、C、D 均为从动轮，输出功率分别为 $P_B=20\text{kW}$，$P_C=15\text{kW}$，$P_D=25\text{kW}$。

①试画出该轴的扭矩图。

②若将轮 A 和轮 C 位置对调，试分析对轴的受力是否有利？

③如图 2-58 所示，已知梁上作用的均布载荷 $q=10\text{kN/m}$，$z=4\text{m}$，材料的许用应力 $[\sigma]=160\text{MPa}$，设计梁的截面尺寸。(a)圆形；(b)长方形，并说明哪种截面省材料。

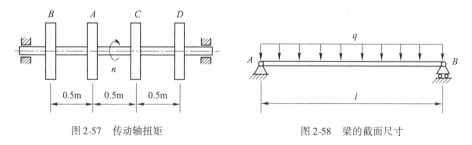

图 2-57　传动轴扭矩　　　　图 2-58　梁的截面尺寸

三、任务测评

任务测评表见表 2-4。

任务测评表   表2-4

班级		姓名		日期		自评	互评	教师
1. 能正确解答基础知识								
2. 能完成练习题								
3. 能举例汽车上受剪力的构件								
4. 汽车传动轴一般是实心的还是空心的								
5. 能举例说出几个汽车上受弯曲的杆件								
个人总结								
总体评价					教师签名			

任务小结

（1）强度——抵抗破坏的能力；刚度——抵抗变形的能力；稳定性——保持平衡的能力；为保证机械或工程构件的正常工作，应满足强度、刚度和稳定性的要求。

（2）构件的几何形状大致归为四类，即杆、板、壳、块，材料力学的主要研究对象是杆件。

（3）杆件变形的基本形式：拉伸(压缩)变形、剪切和挤压变形、扭转变形、弯曲变形或上述几种组合变形。

（4）拉(压)杆的强度条件：$\sigma = N/A \leq [\sigma]$，可以进行下述三方面的强度计算：①强度校核；②设计截面尺寸；③确定许用载荷。

（5）剪切其受力特点是：受到一对大小相等、方向相反、作用线平行且相距很近的外力作用。其变形特点是：沿两个力作用线之间的截面发生相对错动。

（6）在轴的两端受一对大小相等、方向相反、作用面垂直于轴线的两力偶作用。其变形特点是，杆件的轴线保持不变，各横截面绕轴线产生相对转动。这种变形称为扭转变形。

（7）作用于杆件上的外力垂直于杆件的轴线，使轴线由直线变为曲线。这种形式的变形称弯曲变形，以弯曲变形为主的杆件称为"梁"。

（8）梁的基本形式：①简支梁，一端是固定铰链支座，另一端是活动铰链支座；②外伸梁，简支梁具有一个或两个外伸端；③悬臂梁，一端为固定端，另一端为自由端。

（9）圆轴扭转时的强度条件：$\tau_{max} = \dfrac{T_{max}}{W_\rho} \leq [\tau]$。

（10）梁的弯曲正应力强度条件为：$\sigma_{max} = \dfrac{|M_{max}|}{W_Z} \leq [\sigma]$。

习题

一、判断题

1. 内力是直接与杆件的强弱程度相联系的。   （   ）

2. 分析杆件内力有许多种方法,截面法则是其中之一。 ( )
3. 汽车发动机连杆不能用脆性材料来制作。 ( )
4. 安全系数过大会造成材料浪费。 ( )
5. 从零件名称一般可知其主要受力情况,杆是拉压,销是剪切,轴是扭曲,梁是弯曲。如汽车上,连杆是拉压变形,活塞销是剪切变形,大梁是弯曲变形等。 ( )
6. 汽车上一些轴和梁都做成中空,就是为了制造方便,但中空使占有空间增大,但不影响部件的合理布置。 ( )
7. 圆轴扭转时横截面上切应力分布规律是:圆轴横截面边缘点的切应力最大。 ( )
8. 杆件在拉伸与压缩时,轴力和应力都是内力,两者相当于压力和压强的关系。( )

二、选择题

1. 汽车的轴或杆断裂常发生在根部或有孔槽处其原因专业的描述是该处( )。
   A. 质量不高   B. 加工制造比较困难
   C. 受力过大   D. 应力集中

2. 发动机连杆螺栓能否再次使用的一种检验方法是,测量中段粗细。过细,说明材料处于( )强度丧失,不能再用,必须更换。
   A. 弹性阶段   B. 屈服阶段   C. 强化阶段   D. 缩颈阶段

3. 某型汽车某根车轴常常发生断裂,以下较为适当、专业的说法是( )。
   A. 轴的安全系数不够   B. 制造质量中个别员工出错
   C. 汽车使用不当   D. 汽车维修没有跟上

4. 杆件安全系数代表( )。
   A. 抗拉能力的强弱   B. 强度储备的多少
   C. 制造质量的高低   D. 损坏概率的大小

5. 内力和应力均与杆件轴线方向一致或平行的变形是( )。
   A. 剪切   B. 拉压   C. 扭转   D. 弯曲

6. 汽车钢板弹簧一般属于( )。
   A. 内伸梁   B. 简支梁   C. 外伸梁   D. 悬臂梁

7. 汽车发动机中的连杆主要是( )变形。
   A. 拉伸与压缩   B. 扭转   C. 弯曲   D. 剪切与挤压

8. 汽车上一些轴和梁做成中空,最主要是因为( )。
   A. 质量轻   B. 能提高强度和刚度
   C. 制造方便   D. 中间处应力较小

三、简答题

1. 简述杆件变形的基本形式。

2. 简述强度、刚度、稳定性的概念。

3. 提高构件疲劳强度的措施有哪几方面？

4. 用截面法确定内力的步骤是什么？

5. 简述拉(压)杆的强度条件三方面的应用。

6. 简述汽车传动轴的受力特点。

7. 简述平面弯曲的受力特点。

四、计算题

1. 拉伸或压缩杆如下图所示，试用截面法求杆指定截面 1-1、2-2、3-3 的轴力，并画出轴力图。

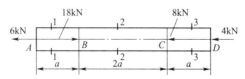

2. 如下图所示，等直杆 AD，左端固定，$F_1 = 100\text{kN}$，$F_2 = 80\text{kN}$，$F_3 = 60\text{kN}$，求各段杆的轴力，作出轴力图。

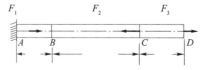

3. 图示阶梯形圆截面杆，承受轴向载荷 $F_1 = 50\text{kN}$ 与 F_2 作用，AB 与 BC 段的直径分别为

$d_1 = 20\text{mm}$ 和 $d_2 = 30\text{ mm}$，如欲使 AB 与 BC 段横截面上的正应力相同，试求载荷 F_2 的值。

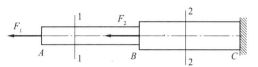

4. 如下图所示，钢制拉杆承受载荷 $F = 32\text{kN}$，若材料的许用应力 = 120MPa，杆件横截面积为圆形，求横截面的最小半径。

5. 如下图所示，在直杆中段正中铣一槽，直杆受轴向载荷 $F = 15\text{kN}$ 的作用，已知 $h = 25\text{mm}, h_0 = 10\text{mm}, b = 15\text{mm}$，试求直杆内的最大正应力。

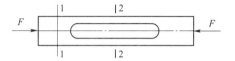

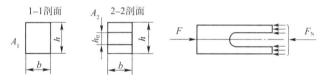

6. 一传动轴如下图所示，其转速 n 为 300r/min，主动轮 A 的输入功率 $P_A = 220\text{kW}$。从动轮 B、C 的输出功率分别为 $P_B = 148\text{kW}$，$P_C = 72\text{kW}$，试求轴 AC 段、AB 段的扭矩，并作扭矩图。

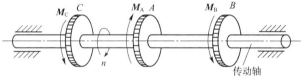

7. 某汽车的传动轴由 45 号无缝钢管制成。轴的外径 $D = 90\text{mm}$，壁厚 $t = 2.5\text{mm}$，传递的最大力偶矩为 $M = 1.5\text{kN} \cdot \text{m}$，材料的 $[\tau] = 60\text{MPa}$。要求：

(1) 校核轴的强度。

(2) 若改用相同材料的实心轴，并要求它和原轴的强度相同，试设计其直径。

(3) 比较空心轴和实心轴的重量。

8. 如下图所示的简支梁，已知 $q = 2.4\text{kN/m}$，$l = 4\text{m}$，$[\sigma] = 150\text{MPa}$，试确定正方形截面与矩形截面 ($h = 2b$) 的尺寸，比较它们截面积的大小。

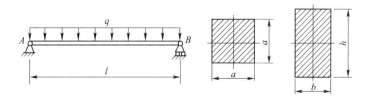

项目三 常用机械传动机构的认知与拆装

 项目概述

发动机是汽车的重要组成部分,也是汽车行驶的动力源。发动机中的常用机械传动方式有多种形式,主要可分为两类:一类是靠机件间的摩擦力传递动力和运动的摩擦传动,包括带传动、凸轮传动等。这类摩擦传动能实现无级变速,能适应轴间距较大的传动场合,过载打滑还能起到缓冲和保护传动装置的作用,但这种传动一般不能用于大功率的场合,也不能保证准确的传动比。另一类是靠主动件与从动件啮合或借助中间件啮合传递动力或运动的啮合传动,包括齿轮传动、链传动、螺旋传动等。这类啮合传动用于大功率的场合,传动比准确,但一般要求较高的制造精度和安装精度。

 知识目标

1. 知道平面连杆机构的组成、特点和类型及工作特性。
2. 掌握凸轮机构的组成、特点及类型。
3. 掌握带传动的工作特点、工作原理及失效形式。
4. 掌握渐开线齿轮传动的类型和特点,知道轮系的基本类型。
5. 知道轴及轴系部件的典型结构、材料及代号含义。
6. 知道螺纹、键、销连接的类型、结构和应用。

 技能目标

1. 能进行平面机构自由度的计算。
2. 能进行渐开线直齿圆柱齿轮的主要参数及基本尺寸计算。
3. 能进行定轴轮系的传动比计算。
4. 能列举平面机构、凸轮机构及轮系在汽车上的应用。

素养目标

1. 坚持人民至上、服务人民的意识。
2. 树立爱党报国、敬业奉献的意识。
3. 培养对新知识、新技能强烈的学习兴趣及求知欲。
4. 具备独立思考能力和创新精神。

学习任务1 认知平面连杆机构

任务描述

平面连杆机构是由若干构件用低副(转动副、移动副)连接组成的平面机构。最简单的平面连杆机构由四个构件组成,称为平面四杆机构。平面连杆机构广泛应用于各种机械、仪表和汽车机电产品中。

任务目标

1. 能说明平面连杆机构的组成、特点与类型。
2. 能列举平面连杆机构在汽车上的应用实例。
3. 能自觉弘扬劳动精神、奋斗精神、奉献精神。

建议学时:4学时。

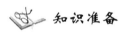
知识准备

一、平面机构的结构分析

1. 基本概念

1)机器

机器由四大部分组成,即动力部分、传动部分、工作部分、控制部分。机器具有三大特征:

(1)是人为的实体(构件)组合。

(2)各实体(构件)之间具有确定的相对运动。

(3)代替人的劳动完成有用的机械功或实现能量转换。

2)机构

若干具有确定相对运动构件的组合称为机构,仅具有机器前两个特征。

机器与机构的区别是:机器是实现能量转换或利用机械能做功。机构在于传递或转变运动的形式。从结构和运动的观点来看,机器与机构是没有区别的。

3)构件

机器的构件是指相互之间能做相对运动的实体。

4)零件

组成构件但相互之间没有相对运动的实体叫作零件。

构件与零件的区别在于,构件是运动的单元,零件是制造的单元。

将发动机看作一台机器,它由许多机构组成。如曲柄连杆机构将燃料燃烧产生的热能做功,推动活塞产生上下往复运动,并转化为曲轴的旋转运动输出机械能。正时齿轮机构则保证曲轴转动两圈,凸轮轴转动一圈,控制凸轮配气机构协同工作,保证发动机在一个工作行程中,排气门与进气门按要求开启与关闭一次。同时,这些机构又由若干的构件与零件组成。

结论:机器一般由机构组成,机构由构件组成,构件又由零件组成,工程上常以机械这个词作为机构和机器的通称。

2. 运动副

两个构件直接接触而又能产生一定相对运动的连接称为运动副。按运动副中构件之间接触形式不同,运动副有点接触、线接触、面接触三种形式。

1)高副

两构件间构成点或线接触的运动副称为高副,如图3-1所示,发动机正时齿轮啮合时为线接触。两啮合运动齿轮之间为线接触是高副。如图3-2所示,火车轮与钢轨之间为线接触,是高副。

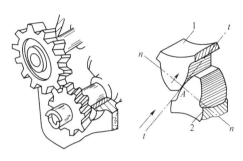

图3-1 正时齿轮机构
1、2-齿轮

2)低副

两构件间构成面接触的运动副称为低副。低副又分为转动副(又称为铰链)与移动副两种。如图3-3所示的曲柄连杆机构,活塞与汽缸间为面接触,活塞在汽缸中做上下往复运动,是低副也是移动副。

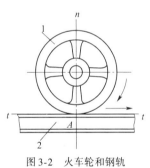

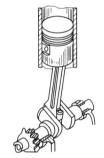

图3-2 火车轮和钢轨
1-火车轮;2-钢轨

图3-3 曲柄连杆机构

3. 平面机构运动简图

在实际中,构件外形结构比较复杂,为了研究机构的运动,可以略去与运动无关的因素,仅用简单的符号及线条来代表运动副和构件。这种仅仅表达各构件相对运动关系的简单图形称为机构运动简图。机构运动简图常用符号见表3-1。

机构运动简图常用符号　　　　表3-1

名称	简图符号	名称	简图符号
杆、轴		基本符号	
三副构件		机架是转动副的一部分	
		机架是移动副的一部分	

续上表

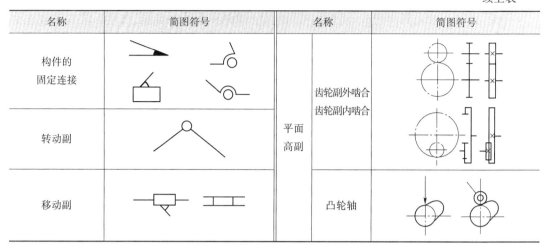

4. 平面机构的自由度计算

平面机构中,两构件通过运动副连接后,使构件的独立运动受到限制,自由度随之减少。对独立运动所加的限制称为约束。不同类型的运动副引入的约束不同,所保留的自由度也不同。每个低副引入约束数为 2,高副的约束数为 1。例如转动副,约束了 2 个移动自由度,保留了 1 个转动自由度;而移动副约束了沿某一轴方向的移动和平面内转动 2 个自由度,保留了沿另一轴方向移动的自由度;如高副则只约束了沿接触点公法线方向移动的自由度,保留绕接触点转动和沿接触点公切线方向移动 2 个自由度。

机构能产生独立运动的数目称为机构的自由度。在平面机构中,各构件只做平面运动。所以每个自由构件具有 3 个自由度。而每个平面低副引入 2 个约束,每个高副引入 1 个约束。设平面机构中共有 n 个活动构件(机架不是活动构件),在各构件尚未构成运动副时,它们共有 $3n$ 个自由度。而当各构件构成运动副后,设共有 P_L 个低副和 P_H 个高副,则机构将受到 $2P_L + P_H$ 个约束,故机构的自由度为:

$$F = 3n - 2P_L - P_H \tag{3-1}$$

【**例 3-1**】 图 3-4 所示是大筛机的机构运动简图。试计算大筛机自由度,并判断该机构是否具有确定的运动。

解:C 处是复合铰链,F 处滚轮是局部自由度,E 处有虚约束。7 个构件,A、B、D、E、O 各有一个低副,C 处两个低副,G 处两个低副,共 9 个低副。

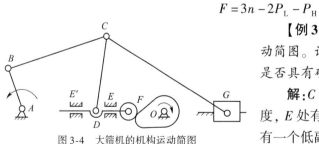

图 3-4 大筛机的机构运动简图

$$F = 3n - 2P_L - P_H = 3 \times 7 - 2 \times 9 - 1 = 2$$

机构自由度为 2,机构有 2 个主动件,机构运动确定。

二、平面四杆机构

所有构件用低副相互连接而组成,并在同一平面内运动,称为平面连杆机构。

平面连杆机构由低副组成,是面接触,便于制造,容易获得较高的制造精度,并且压强低,磨损小,承载能力大,因此,广泛应用于各种机械中,用以传递动力,改变运动形式。

四个构件组成的平面连杆机构称为四杆机构。平面四杆机构按其运动不同分为铰链四杆机构和含有移动副的四杆机构。

1. 铰链四杆机构

各个构件之间全部用转动副连接的四杆机构称为铰链四杆机构,它是平面四杆机构最基本的形式。在铰链四杆机构中(图3-5),固定不动的杆 AD 称为机架;与机架用转动副相连的杆 AB 和杆 DC 称为连架杆;与机架相对的杆 BC 称为连杆。在连架杆中,能绕机架上的转动副做整周转动的连架杆 AB 称为曲柄,只能在某一角度内绕机架上的转动副摆动的杆 DC 称为摇杆。

图3-5 铰链四杆机构
1、3-连架杆,直接与机架连接的杆件连杆;2-摇杆,连接两连架杆的杆件,不与机架相连;4-机架,固定不动的杆件

根据两连架杆是否是曲柄或摇杆,铰链四杆机构分为曲柄摇杆机构、双曲柄机构和双摇杆机构三种形式。

1)曲柄摇杆机构

在铰链四杆机构的两个连架杆中,若一个连架杆为曲柄,另一个连架杆为摇杆,则该机构称为曲柄摇杆机构。如图3-6所示的汽车刮水器,电动机带动主动件曲柄 AB 整周转动时,从动件摇杆 CD 做往复摆动,摇杆 CD 的延长部分实现刮水动作。

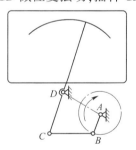
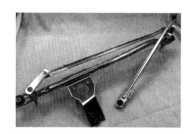

铰链四杆机构的形式

图3-6 汽车刮水器

2)双曲柄机构

两个连架杆都为曲柄,即两个连架杆都能做整周转动的铰链四杆机构称为双曲柄机构。通常主动曲柄做等速运动时,从动曲柄做变速运动。

(1)在双曲柄机构中,如果对边两构件长度分别相等时,称为平行双曲柄机构。如图3-7所示,两曲柄转向相同,转速始终相等,连杆也与机架平行。当平行双曲柄机构中杆 AB、杆 DC、杆 AD 处于同一直线位置时,会出现运动不确定性,有可能出现反向双曲柄机构。为消除平行双曲柄机构这种运动不确定性现象,可采用图3-8所示的机车驱动轮联动机构,即采用三个平行曲柄。

(2)两曲柄的长度相等但相互不平行时,称反向双曲柄机构,如图3-9所示。图3-10所示为客车车门启闭机构。它利用了反向双曲柄机构使两扇车门朝相反方向转动,保证两扇车门能同时开启或关闭。

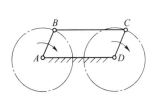

图 3-7 平行双曲柄机构

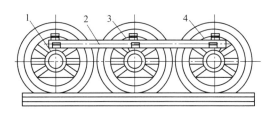

图 3-8 机车驱动联动机构
1、3、4-火车轮；2-曲柄

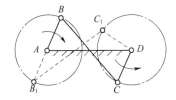

图 3-9 反向双曲柄机构

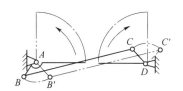

图 3-10 客车车门启闭机构

3) 双摇杆机构

两个连架杆都为摇杆，即两个连架杆都做往复摆动的铰链四杆机构称为双摇杆机构，如图 3-11 所示。图 3-12 所示是汽车前轮转向机构。

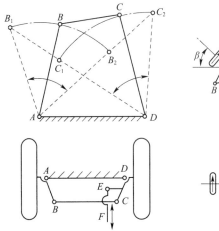

图 3-11 双摇杆机构

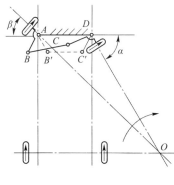

图 3-12 汽车前轮转向机构

2. 铰链四杆机构中曲柄存在的条件

铰链四杆机构有曲柄摇杆机构、双曲柄机构和双摇杆机构三种基本形式，而铰链四杆机构存在曲柄的条件取决于各杆的长度。

铰链四杆机构存在曲柄，必须满足下列条件：

(1) 曲柄是最短的构件。

(2) 最短构件与最长构件长度之和小于或等于其余两构件的长度之和。

$$l_{min} + l_{max} \leq l' + l''$$ (3-2)

在满足上述条件得出下列结论：

①取最短杆相邻的构件为机架时,最短杆为曲柄,此机构为曲柄摇杆机构。
②取最短杆为机架时,两连架杆均为曲柄,此机构为双曲柄机构。
③取最短杆相对的构件为机架时,两连架杆都不能作整周旋转,此机构为双摇杆机构。
④若最短构件与最长构件长度之和大于其余两构件的长度之和,无论取何杆为机架,均为双摇杆机构。

3. 平面四杆机构的性质

1) 急回特性

图 3-13 所示为一曲柄摇杆机构,其曲柄 AB 在转动一周的过程中,有两次与连杆 BC 共线。在这两个位置铰链中心 A 与 C 之间的距离 AC_1 和 AC_2 分别为最短和最长,因而摇杆 CD 的位置 C_1D 和 C_2D 分别为其左、右极限位置。摇杆在两极限位置间的夹角 ψ 称为摇杆的摆角。

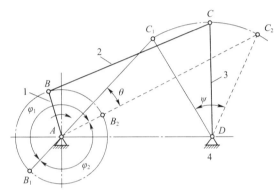

图 3-13 曲柄摇杆机构的急回特性
1-曲柄;2-连杆;3-摇杆

2) 压力角与传动角

在生产中,不仅要求曲柄摇杆机构能实现预定的运动规律,还希望运转轻便、传动效率高,这对机构的压力角与传动角提出要求。压力角 α 可作为判断机构传力性能的标志(图 3-14)。

在工程上,为了度量方便,习惯用压力角 α 的余角 γ 来判断机构传力性能,γ 称为传动角(图 3-14)。显然 $\gamma = 90° - \alpha$,所以 α 越小,γ 越大,机构传力性能越好,反之机构传力越费劲,传动效率越低。

3) 死点位置

如图 3-15 所示的曲柄摇杆机构,如以摇杆 CD 为主动件,曲柄 AB 为从动件,则当摇杆 CD 摆动到极限位置 C_1D 和 C_2D 时,连杆 BC 与曲柄 AB 共线,此时从动件曲柄 AB 的传动角 $\gamma = 0°(\alpha = 90°)$,连杆作用于曲柄的力经过铰链中心 A 点,此力对点 A 不产生力矩,因此不能使曲柄转动,机构所处的这种传动角 γ 为零的位置称为死点位置。

死点位置会使机构的从动件出现卡死或运动方向不确定的现象。为了消除死点位置的不良影响,工程上常常采用飞轮,借助飞轮的惯性渡过死点位置。此外,利用机构在死点位置的传力特性,对某些夹紧装置用于防松。

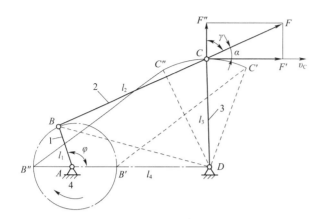
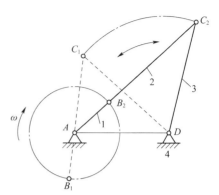

图 3-14　曲柄摇杆机构的压力角与传动角
1-曲柄；2-连杆；3-摇杆

图 3-15　曲柄摇杆机构的死点位置
1-曲柄；2-连杆；3-摇杆；4-机架

4. 铰链四杆机构的演化

1）曲柄滑块机构

如图 3-16 所示的曲柄摇杆机构，摇杆上 C 点的轨迹，是以 D 点为圆心、杆 CD 长度为半径的圆弧，设想杆 CD 半径长度无穷长，则摇杆上 C 点的轨迹趋于做直线往复运动，将转动副 D 转化为移动副，杆 CD 由摇杆转化为滑块，则曲柄摇杆机构就演化为曲柄滑块机构，如图 3-16 所示。

如图 3-17 所示，滑块直线往复运动的移动方位线通过曲柄回转中心线，则此机构称为对心曲柄滑块机构；若移动方位线不通过曲柄回转中心线，则此机构称为偏置曲柄滑块机构。

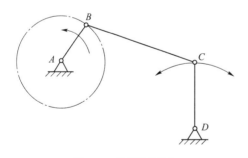
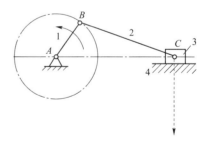

图 3-16　曲柄摇杆机构

图 3-17　对心曲柄滑块机构
1-曲柄；2-连杆；3-滑块；4-机架

2）其他机构

（1）偏心轮机构。如图 3-18 所示的偏心轮机构，当要求滑块的行程 H 很小时，曲柄长度必须很小。此时，出于结构的需要，常将曲柄做成偏心轮，用偏心轮的偏心距 e 来替代曲柄的长度，曲柄滑块机构演化成偏心轮机构。在偏心轮机构中，滑块的行程等于偏心距的两倍，即 $H=2e$。在偏心轮机构中，只能以偏心轮为主动件。

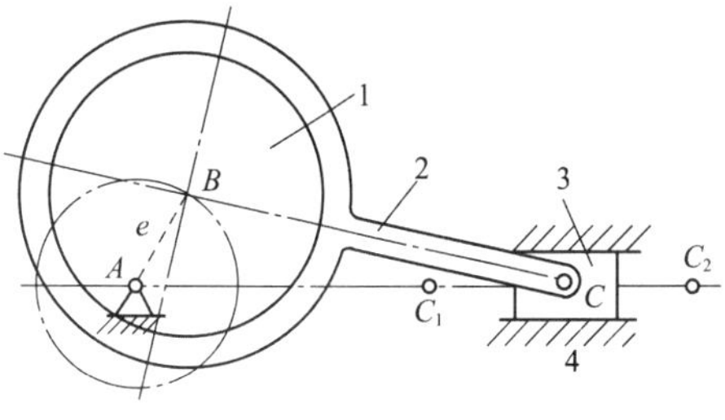

图 3-18　偏心轮机构
1-偏心轮；2-连杆；3-滑块；4-机架

(2)曲柄导杆机构。导杆机构可以看作改变曲柄滑块机构中的机架演变而成。图 3-19a)所示的四杆机构中,杆件 2 的长度小于机架 1,可以绕机架做圆周运动,但导杆 3 只能做摆动,称为曲柄摆动导杆机构。如图 3-19b)所示的四杆机构中,杆件 3 的长度大于机架 2,杆件 3 和 1 都可以绕机架做圆周运动,称为曲柄转动导杆机构。导杆机构常用于回转式油泵、牛头刨床等的工作机构。

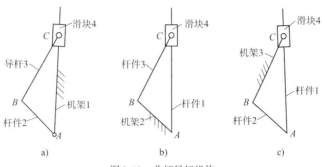

图 3-19 曲柄导杆机构

(3)曲柄摇块机构。如图 3-19c)所示,杆件 2 的长度小于机架 3,可以做圆周运动,杆件 1 与滑块 4 组成移动副,滑块 4 与机架 3 组成转动副,滑块 4 只能做定轴转动,称为曲柄摇块机构。图 3-20 所示的货车车厢自动卸料机构就是应用的实例。

(4)定块机构。在曲柄滑块机构中,如取滑块 3 为机架,即可得定块机构应用实例——手动压水机,如图 3-21 所示。

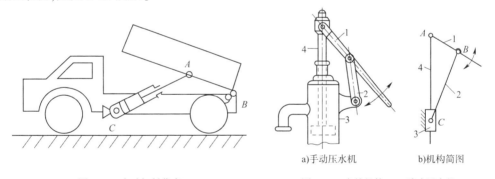

图 3-20 自动卸料货车　　　　图 3-21 定块机构——手动压水机

1-曲柄;2、4-连杆;3-滑块

综上所述,四杆机构的类型非常丰富,铰链四杆机构的各种形式,都是以铰链四杆机构中的曲柄摇杆机构或含有一个移动副的曲柄滑块机构以及其他四杆机构为基础,通过分别选取不同构件作为机架而获得。通过深入学习,观察汽车构造(尤其是各类工程车辆),就可以看到很多四杆机构的应用。

 任务实施

一、任务准备

1. 组织方式

(1)场地设施:智慧教室。

(2)工具:纸、笔、工作页。

(3)实施方式:将学生6~8人分为一组进行分组讨论。每组派出代表进行汇报,教师指导点评。

2. 操作要求

(1)指导教师严格限制讨论时间,小组分工要明确。

(2)分析和表述问题逻辑清晰。

(3)遵守秩序,注意安全。

二、操作步骤

(1)拆卸汽车刮水机构(图3-22),在任务测评表中个人总结一栏画出刮水机构简图。

(2)观察分析刮水机构组成与杆件名称(图3-23)。

图3-22 汽车刮水机构

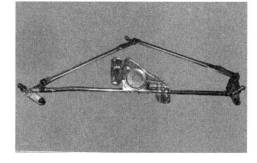

图3-23 刮水机构

三、任务测评

任务测评表见表3-2。

任务测评表　　　　　　　　　表3-2

班级		姓名		日期		自评	互评	教师
1. 能正确解答基础知识								
2. 会观察分析刮水机构组成与杆件名称								
3. 能画出刮水机构简图								
4. 在完成任务时,按照操作规程做到安全文明								
个人总结								
总体评价						教师签名		

任务小结

(1)机器由四大部分即动力部分、传动部分、工作部分、控制部分组成。机器一般是由机构组成,机构是由构件组成,构件又由零件组成,工程上常以机械这个词作为机构和机器的通称。

(2)铰链四杆机构:各个构件之间全部用转动副连接的四杆机构称为铰链四杆机构。它是平面四杆机构最基本的形式。

(3)铰链四杆机构的三种基本类型:曲柄摇杆机构、双曲柄机构和双摇杆机构。

(4)铰链四杆机构的演化:曲柄滑块机构、偏心轮机构、曲柄导杆机构、曲柄摇块机构、定块机构。

习题

一、判断题

1. 所有机构都是由两个以上零件组成的。( )
2. 曲柄可以看成是构件,也可以看成是零件。( )
3. 构件就是零件。( )
4. 铰链四杆机构是由平面低副组成的四杆机。( )
5. 双摇杆机不会出现死点位置。( )
6. 曲柄摇杆机构只能将回转运动转换为往复摆动。( )
7. 任何一种曲柄滑块机构,当曲柄为原动件时,它的行程速比系数 $k=1$。( )
8. 任何平面四杆机构出现死点时,都是不利的,因此应设法避免。( )

二、选择题

1. 缝纫机的踏板结构是以( )为主动件的曲柄摇杆机构。
   A. 曲柄　　B. 连杆　　C. 摇杆　　D. 滑块
2. 机车车辆机构是铰链四杆机构基本形式中的( )机构。
   A. 曲柄摇杆　　B. 双曲柄　　C. 双摇杆　　D. 曲柄滑块
3. 铰链四杆机构中,当满足( )条件时,机构才会有曲柄。
   A. 最短杆+最长杆≤其余两杆之和　　B. 最短杆-最长杆≥其余两杆之和
   C. 最短杆+最长杆>其余两杆之和　　D. 四根杆长短任意定
4. 一对心曲柄滑块机构中,若以连杆为机时,则将演化成( )机构。
   A. 转动导杆
   B. 曲柄摇块
   C. 曲柄移动导杆
   D. 双曲柄机构
5. 一对心曲柄滑块机构中,若以滑块为机构时,机构将演化成( )机构。
   A. 曲柄移动导杆
   B. 曲柄摇块
   C. 摆动导杆
   D. 双摇杆
6. 一对心曲柄滑块机构中,若以曲柄为机构时,机构将演化成( )机构。
   A. 曲柄移动机构　　B. 转动导杆　　C. 摆动导杆　　D. 曲柄滑块
7. 铰链四杆结构中不直接与( )相连的杆件,称为连杆。
   A. 滑块　　B. 曲柄　　C. 机架　　D. 摇杆
8. 在铰链四杆结构中,只能来回摇摆的连架杆称为( )。
   A. 连杆　　B. 曲柄　　C. 机架　　D. 摇杆

三、简答题

1. 机构具有确定运动的条件是什么?

2. 构件和零件的区别与联系是什么?

3. 什么叫连杆、连架杆?

4. 根据下图中标注的尺寸判断各机构是曲柄摇杆机构、双曲柄机构还是双摇杆机构。

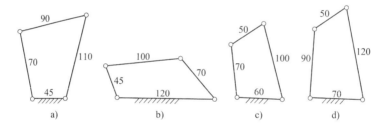

5. 如下图所示的铰链四杆机构,已知 $AB=55\text{mm}$,$BC=40\text{mm}$,$CD=50\text{mm}$,$AD=25\text{mm}$。试分析该机构是否存在曲柄;若要使该机构为曲柄摇杆机构,则应以哪个构件为机架?说明理由。

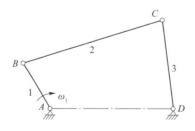

学习任务2 认知凸轮机构

任务描述

凸轮机构是由凸轮、从动件和机架三个基本构件组成的高副机构。凸轮是一个具有曲线轮廓或凹槽的构件,一般为主动件,做等速回转运动或往复直线运动。凸轮机构广泛地应用于交通运输、机械传动等领域。

任务目标

1. 能说明凸轮机构的组成、特点与类型。
2. 能举例说明凸轮机构的应用。
3. 能自觉弘扬劳动精神、奋斗精神、奉献精神。

建议学时:2 学时。

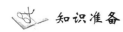 知识准备

1. 凸轮机构的组成、应用和特点

凸轮机构的特点　凸轮机构的分类

凸轮机构是机械中常用机构之一,在机械式自动控制装置中应用广泛。内燃机凸轮配气机构如图 3-24 所示。

凸轮机构主要由凸轮、从动件、机架三个基本构件组成,在凸轮机构中,凸轮是主动件,做等速转动,而从动件(气门杆)做间歇运动,运动的时间与间歇的时间及运动起始与结束的时刻都有严格要求,通过设计适当的凸轮轮廓曲线,能使从动件得到预期的运动规律。

凸轮机构中的凸轮与从动件之间是点、线接触,属于高副,容易磨损,所以凸轮机构适用于传力不大但动作准确可靠的机械控制机构中。

2. 凸轮机构的分类

根据凸轮与从动件的不同形状和形式,凸轮机构分类如下。

1)按凸轮的形状分

按凸轮的形状分有盘形凸轮、移动凸轮和圆柱凸轮三类。

(1)盘形凸轮。图 3-25 所示的盘形凸轮是凸轮的最基本形式。这种凸轮是一个绕固定轴线转动并且具有变化半径的盘形零件,内燃机配气机构就是盘形凸轮。

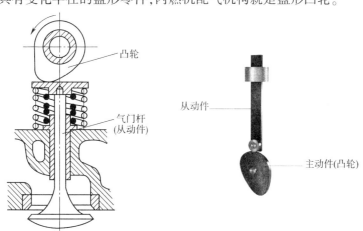

图 3-24　内燃机凸轮配气机构　　图 3-25　盘形凸轮

(2)移动凸轮。图 3-26 所示为移动凸轮,凸轮相对机架做直线运动。

(3)圆柱凸轮。图 3-27 所示为圆柱凸轮,这种凸轮是在圆柱体表面上开有曲线凹槽,当圆柱体转动时,从动件(推料杆)做直线往复运动,将原料自动推送出去。

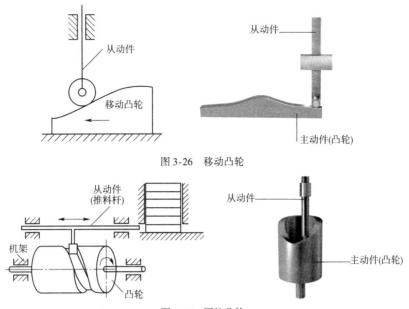

图 3-26 移动凸轮

图 3-27 圆柱凸轮

2)按从动件的形式分

按从动件的形式分为尖顶式从动件、滚子式从动件和平底式从动件三类。

(1)尖顶式从动件。图 3-28 所示为尖顶式从动件,这种凸轮机构的从动件结构简单,尖顶能与任意复杂的凸轮轮廓保持接触,故可使从动件实现复杂的运动规律。但尖顶式从动件承载能力小,易磨损,适用于传力小、速度低的场合。

(2)滚子式从动件。图 3-29 所示为滚子式从动件,这种凸轮机构的从动件一端铰接一个可自由转动的滚子,滚子和凸轮轮廓之间为滚动摩擦,磨损较小,可传递较大的动力,应用较广泛。

(3)平底式从动件。图 3-30 所示为平底式从动件,这种凸轮机构的凸轮与从动件,在接触处易于形成油膜,润滑良好,凸轮给从动件的作用力始终垂直于平底,传动效率较高,因而适用于高速场合,但平底式从动件不能用于具有内凹轮廓的凸轮机构。

图 3-28 尖顶式从动件　　图 3-29 滚子式从动件　　图 3-30 平底式从动件

3. 凸轮机构从动件常用的运动规律

从动件运动规律是从动件的位移、速度和加速度随时间(或凸轮的转角)的变化规律。

1）等速运动规律与适用场合

等速运动规律是从动件上升或下降的速度为一常数的运动规律,如图3-31所示。等速运动规律适用于低转速、轻载的场合。

2）等加速等减速运动规律与适用场合

图3-32所示为从动件在推程运动中做等加速等减速运动时的运动线图。通常从动件在前半个推程中做等加速运动,后半个推程中做等减速运动,一般等加速和等减速的绝对值相等。

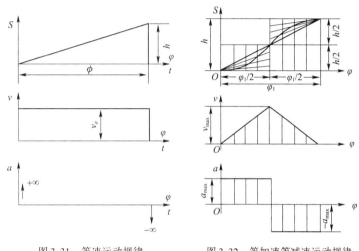

图3-31　等速运动规律　　图3-32　等加速等减速运动规律

由加速度和惯性力的有限变化对机构所造成的冲击、振动和噪声要较刚性冲击小,称为柔性冲击。等加速等减速运动规律适用于中速、轻载的场合,不适用于高速运动的凸轮传动。

3）其他运动规律的凸轮传动

在工程上,从动件的运动规律还有简谐运动规律(图3-33)、正弦运动规律(图3-34)、多项式运动规律(图3-35)等,或几项运动规律进行组合,既使从动件大部分行程保证匀速运动,又能避免从动件在运动的起始与将结束的阶段产生冲击,以适用于中、高速运动的凸轮传动。

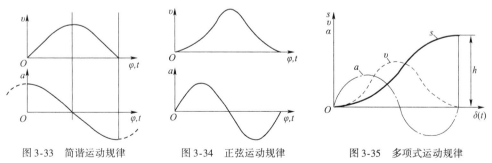

图3-33　简谐运动规律　　图3-34　正弦运动规律　　图3-35　多项式运动规律

建议:增加凸轮传动的受力分析,有利于对前面所学的力学知识的应用与延展,也利于后续专业课的学习。

任务实施

一、任务准备

1. 组织方式

(1) 场地设施:智慧教室。

(2) 工具:纸、笔、工作页。

(3) 实施方式:将学生6~8人分为一组进行分组讨论。每组派出代表进行汇报,教师指导点评。

2. 操作要求

(1) 指导教师严格限制讨论时间,小组分工要明确。

(2) 分析和表述问题逻辑清晰。

(3) 遵守秩序,注意安全。

二、操作步骤

(1) 拆卸气门室罩盖、链轮室罩盖、链条张紧器,取下凸轮轴链轮上的链条,拆卸进排气凸轮轴的链轮。

(2) 按照规定顺序拧松凸轮轴轴承盖螺栓(图3-36),拆卸缸盖上的凸轮轴轴承瓦盖。

(3) 观察凸轮轴判断凸轮类型,分析凸轮工作原理(图3-37)。

图3-36 拆卸凸轮轴轴承盖螺栓

图3-37 凸轮轴

三、任务测评

任务测评表见表3-3。

任务测评表　　　　　　　　表3-3

班级		姓名		日期		自评	互评	教师
1. 能正确解答基础知识								
2. 能判断凸轮的类型								
3. 在完成任务时,按照操作规程做到安全文明								
个人总结								
总体评价					教师签名			

 任务小结

(1)凸轮机构主要由凸轮、从动件、机架三个基本构件组成。

(2)根据凸轮与从动件的不同形状和形式,凸轮机构分类如下:

①按凸轮的形状,分为盘形凸轮、移动凸轮和圆柱凸轮三类。

②按从动件的形式,分为尖顶式从动件、滚子式从动件和平底式从动件三类。

(3)凸轮机构从动件常用的运动规律:等速运动规律、等加速等减速运动规律、简谐运动规律、正弦运动规律等。

 习题

一、判断题

1. 一个凸轮只有一种预定的运动规律。( )
2. 由于凸轮机构是高副机构,所以与连杆机构相比,更适用于重载场合。( )
3. 盘形凸轮的行程与基圆半径成正比,基圆半径越大则行程也越大。( )
4. 凸轮机构能很好地完成从动件的间隙运动。( )
5. 凸轮机构主要由凸轮、从动件和机架三个基本构件组成。( )
6. 凸轮机构按从动杆形状常见有尖底、平顶和滚子三种。( )
7. 凸轮机构按凸轮形状,可分为盘形、圆柱和移动三种。( )
8. 机器中常见的偏心轮不是凸轮。( )

二、选择题

1. 组成凸轮轴的基本构件有( )个。
   A. 2   B. 3   C. 4   D. 5
2. 与平面连杆机构相比,凸轮机构的突出优点是( )。
   A. 能严格实现给定的从动件运动规律   B. 能实现间隙运动
   C. 能够实现多种运动形式的转变   D. 传动性能好
3. 凸轮轴轮廓与从动件之间的可能连接是( )。
   A. 移动副   B. 高副
   C. 转动副   D. 可能是高副也可能是低副
4. 若要盘形凸轮轴机构的从动件在某段时间内停止不动,对应的凸轮轮廓应是( )。
   A. 一段直线   B. 一段圆弧
   C. 一段抛物线   D. 一段以凸轮转动中心为圆心的圆弧
5. 从动件底部与凸轮之间润滑较好,常用于高速场合的是( )从动件。
   A. 尖底   B. 滚子   C. 平底   D. 曲面
6. 凸轮的结构简单,适宜从动件行程较短场合的是( )凸轮。
   A. 盘形   B. 圆形   C. 移动   D. 偏形
7. 压力角增大时,对( )。
   A. 凸轮机构的工作有利   B. 凸轮机构的工作不利

C. 凸轮机构的工作无影响 D. 凸轮传动压力角不会有变化
8. 凸轮机构中从动件的运动规律取决于( )。
   A. 基圆半径 B. 凸轮轮廓形状
   C. 凸轮的转速 D. 传动角

三、简答题

1. 写出下图所示凸轮机构的类型。

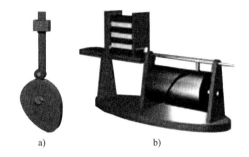

a) b) c)

2. 写出下图所示凸轮机构的类型及适用出场合。

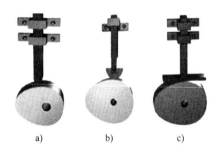

a) b) c)

3. 查询资料举例说出几个凸轮机构的应用场合。

学习任务3　认知与拆装带传动机构

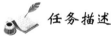 任务描述

汽车发动机所附带的发电机、空调压缩机等附件一般是靠带传动的。汽车行驶一定的里程后，传动带会产生永久变形而使传动带松弛，影响带传动的传动效率，有时甚至会发生传动带断裂而导致发动机无法正常工作。因此，每行驶一定的里程后，我们必须进行传动带的维护和更换。本次任务让我们通过传动带的拆装和检测来了解传动带的工作原理。你是否了解这类机械传动呢？让我们一起来动手拆卸吧。

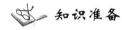

任务目标

1. 能说明带传动的工作特点、类型与维护。
2. 能举例说明带传动在汽车上的应用。
3. 能自觉弘扬劳动精神、奋斗精神、奉献精神。

建议学时:4 学时。

知识准备

1. 带传动的类型、特点与应用

带传动是应用较广泛的一种机械传动,一般由主动带轮、从动带轮和传动带组成,借助传动带与带轮之间的摩擦或啮合,将主动轮的运动传给从动轮,如图3-38、图3-39所示,根据工作原理不同分摩擦带传动和啮合带传动。

图3-38 摩擦带传动

图3-39 啮合带传动

1)摩擦带传动

利用传动带与带轮间的摩擦力传递运动与动力。按传动带的截面形状不同可分为平带传动、V带传动、多楔带传动、圆形带传动等,如图3-40所示,其中以普通V带传动应用最广。

   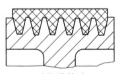

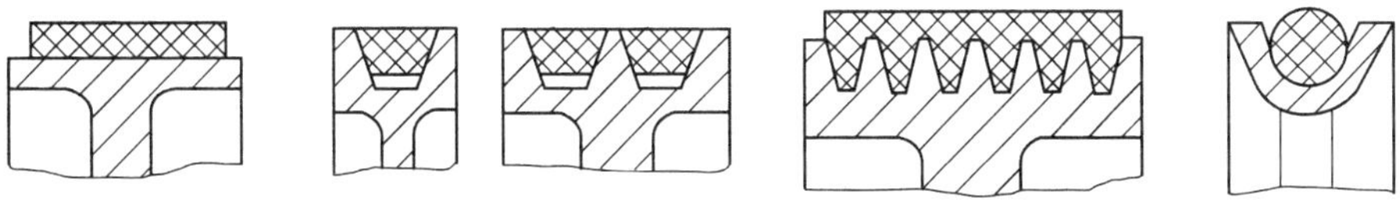

a)平带传动　　b)V带传动　　c)多楔带传动　　d)圆形带传动

图3-40 摩擦带传动类型

(1)平带传动。平带的横截面为扁平矩形,其工作面是与轮面接触的内表面,如图3-40a)所示。

(2)V带传动。V带的横截面为梯形,其工作面是两侧面,如图3-40b)所示。在同样张紧的情况下,能传递的功率较大。汽车中的电动机、空调压缩机常采用两根V带驱动。图3-41所示为汽车风扇通过V带由汽车发动机曲轴驱动。

(3)多楔带传动。多楔带由多个微型V面组成,如图3-40c)所示,较宽且较薄,其环绕较小的传动轮时具有较大的柔韧度,使多楔带能够在"蛇形"传动装置中传递动力,

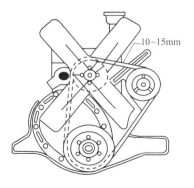
图3-41 汽车风扇皮带传动

这种传动装置可以驱动多个发动机附件,适用于传递较大功率和结构紧凑的场合。图3-42所示为捷达1.6L12气门发动机中采用的双面多楔带传动。

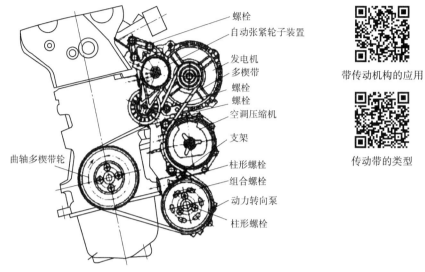

图3-42 捷达1.6L12气门发动机多楔带传动

（4）圆形带传动。圆形带传动为摩擦带传动,如图3-40d)所示,传动带紧套在两带轮上,使传动带与带轮接触面之间产生压力,当主动轮回转时,传动带与主动轮接触面之间产生的摩擦力使传动带运动,同时传动带又靠与从动轮接触面间的摩擦力,驱使从动轮回转,从而传递运动和动力。圆带传动靠传动带与轮槽压紧产生摩擦力,有很好的弹性,在运行过程中缓解冲击振动,运动平稳,噪声低,载荷过大时传动带打滑,起到保护机械作用。圆带传动应用于低速小功率传动,如缝纫机、磁带盘的传动等一些小动力或手动机械上作为传动。

2）带传动的特点与应用

带传动的主要特点如下。

（1）优点：

①结构简单,制造、安装、维修方便,成本低廉。

②传动带有良好的弹性,能缓和冲击,吸收振动,运动平稳,噪声小。

③过载时会产生打滑,防止机器及零件的损坏,起过载保护作用。

（2）缺点：

①因带传动存在弹性滑动,不能保证准确的传动比。

②传动带的抗拉强度低,不能传递大的功率。

③带传动的外廓尺寸较大。

3）带传动的传动比计算

$$i = \frac{\omega_1}{\omega_2} = \frac{n_1}{n_2} = \frac{D_2}{D_1} \tag{3-3}$$

式中：ω_1——主动轮角速度；

ω_2——从动轮角速度；

n_1——主动轮传速；

n_2——从动轮传速;
D_1——主动带轮直径;
D_2——从动带轮直径。

传动功率通常小于50kW,传动比$i<7$,圆周速度$v=5\sim25$m/s。

汽车上发动机的正时传动机构通常用同步齿形带,不但可以保证传动的精确性,而且噪声小,不需要润滑,如图3-43所示。

正时齿形带不只是在凸轮轴和曲轴之间实现正时传动,而且还驱动水泵、转向助力泵等部件,因此,正时齿形带已经实现了多功能化,如图3-44所示。

图3-43 上置凸轮轴的同步齿形带传动

图3-44 橡胶正时齿形带传动

2. 普通V带传动

1) 普通V带的结构

普通V带是一种无接头的环形胶带,从截面看,由包布、顶胶、抗拉体(有绳芯和帘布芯两种)和底胶组成,如图3-45所示。

帘布芯V带的抗拉强度较高,所以应用得较多。绳芯V带的柔韧性好,故抗弯强度较好。

2) 普通V带的型号

普通V带的尺寸已经标准化,按截面尺寸分成七种:Y、Z、A、B、C、D、E。其中"Y"的截面尺寸与基准长度最小,"E"的截面尺寸与基准长度最大。图3-46所示为V带截面尺寸。

例:如按《带传动 普通V带和窄V带尺寸(基准宽度制)》(GB/T 11544—2012)制造的基准长度为1600mm的A型普通V带,其标记为"A 1600 GB/T 11544—2012",并压印在带的外表面上,供识别和选用。

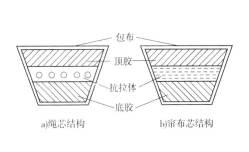
图3-45 普通V形胶带的结构

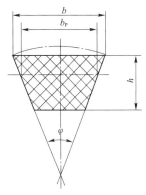
图3-46 V带截面尺寸

3) V 带轮的材料和结构

带轮属于盘毂类零件,一般相对尺寸比较大,制造工艺上一般以铸造、锻造为主。一般尺寸较大的设计为用铸造的方法,材料一般都是铸铁(铸造性能较好),很少用铸钢(钢的铸造性能不佳);一般尺寸较小的,可以设计为锻造,材料为钢。各种带轮如图 3-47 ~ 图 3-50 所示。

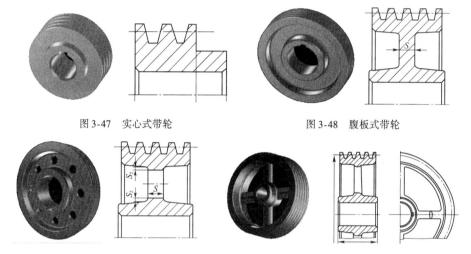

图 3-47　实心式带轮　　　　　　图 3-48　腹板式带轮

图 3-49　孔板式带轮　　　　　　图 3-50　轮辐式带轮

3. 带传动的受力分析与失效形式

1) 受力分析

(1) 初拉力 F_0。

为保证带传动正常工作,带传动必须以一定的张紧力套在带轮上,所以传动带在工作前两边已经承受相等的拉力,称为初拉力,如图 3-51 所示。

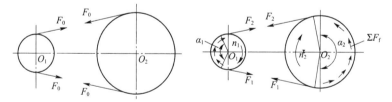

图 3-51　带传动的受力分析图

(2) 紧边拉力 F_1 和松边拉力 F_2。

工作时由于摩擦力的作用,进入主动轮的一边被拉紧,拉力由 F_0 增加到 F_1,称为紧边。脱离主动轮的一边被放松,拉力由 F_0 减小到 F_2,称为松边。

(3) 圆周力 F。

两边拉力之差称为传动带传递的圆周力。圆周力也称为带传动的有效拉力,它等于沿带轮的接触弧上的摩擦力 $\sum F_f$。

$$F = F_1 - F_2 \tag{3-4}$$

分析:在一定条件下摩擦力有一极限值,如果工作时,有效拉力 F 超过摩擦力极限值,传动带就会在轮面上产生打滑现象,使带传动不能正常工作。

(4)应力分析。

①由紧边与松边拉力产生的拉应力 σ_1、σ_2。

②由传动带绕过带轮时的弯曲而产生弯曲应力 σ_{b1}、σ_{b2}。

③由传动带绕过带轮做圆周运动的部分因离心力引起拉力而产生的离心拉应力 σ_c。

④最大应力 σ_{max} 发生在传动带进入主动带轮处,如图3-52所示。

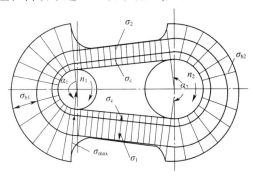

图3-52 最大应力 σ_{max} 发生处

(5)带传动的弹性滑动。

带传动是弹性体,在拉力的作用下会发生弹性变形,其弹性变形量随拉力的大小而变化。由传动带的弹性变形而引起传动带在轮面上滑动的现象称为弹性滑动。在带传动中,传动带的弹性滑动不可避免。

2)失效形式

带传动的主要失效形式有以下几种。

(1)传动带疲劳断裂:传动带的任一横截面上的应力将随着传动带的运转而循环变化。当应力循环达到一定次数,即运行一定时间后,传动带在局部出现疲劳裂纹脱层,随之出现疏松状态甚至断裂,从而发生疲劳损坏,丧失传动能力。

(2)打滑:当工作外载荷超过带传动的最大有效拉力时,传动带与小带轮沿整个工作面出现相对滑动,不能传递运动和拉力,导致传动打滑失效。

(3)传动带的工作面磨损:由于传动带的弹性滑动和打滑,传动带与带轮之间存在相对滑动,而使传动带的工作面磨损。因此,带传动的设计准则是:既要在工作中充分发挥其工作能力而又不打滑,还要求传动带有足够的疲劳强度,以保证一定的使用寿命。即在不打滑的前提下,传动带具有一定的疲劳强度和寿命。

4. 带传动的安装维护

(1)安装V带时,V带的张紧程度要适当,不宜过松或过紧,根据实践经验V带安装后用大拇指用力按下约15mm,则张紧程度较合适,如图3-53所示。

(2)安装带轮时,各带轮的轴线应互相平行。各带轮相对应的V形槽的对称平面要重合,如图3-54所示。

(3)V带在轮槽中的安装位置要正确。应正确选择V带的型号,使其与轮槽的装配位置如图3-55所示,摸的手感略有突出。对同步齿形带的安装要按照对应车型的维修手册,对准正时记号。

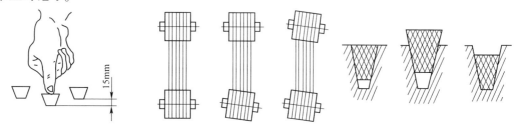

图 3-53　传动 V 带的张紧程度　　图 3-54　带轮的安装　　图 3-55　带在带轮槽中的位置

(4) 对传动带要定期检查和调整,如发现有不适宜继续使用的要及时更换,有多根传动带使用的带传动,新旧传动带、不同型号的传动带不能混合使用。

(5) 传动带不宜接触酸性、碱性和油性的物质以及日光暴晒过早老化。带传动必须安装安全防护罩。

(6) 带传动的张紧与调整。传动带使用一段时间后会产生拉抻变形,使传动带的初拉力下降。为保证传动带的传动能力,应重新将传动带调整张紧,常用的方法有调整中心距和使用张紧轮两种。

① 调整中心距法。图 3-56 所示为中心距可调张紧装置的应用实例。其中,图 3-56a)、b) 为定期调整张紧装置,当传动带需要张紧时,通过调整螺栓改变电动机的位置,加大传动中心距,使传动带获得所需的张紧力。图 3-56a) 适用于两轴中心连线水平或倾斜不大的传动,图 3-56b) 适用于两轴中心连线铅垂或近于铅垂方向的传动。图 3-56c) 所示为自动张紧装置,电动机固定在摆架上,靠电动机与摆架的自重实现张紧。自动张紧装置常用于中、小功率的传动。

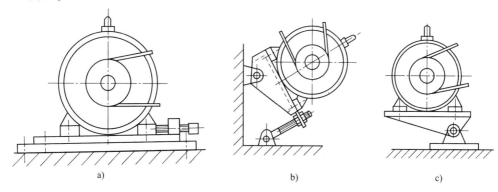

图 3-56　中心距可调张紧装置

② 使用张紧轮法。中心距不可调时,用张紧轮实现张紧。图 3-57a) 所示为定期调整装置,通过定期调整张紧轮达到使传动带张紧的目的。在这种张紧装置中,张紧轮压在传动带的松边内侧,避免了传动带的反向弯曲,而且张紧轮应尽量靠近大带轮,防止因张紧而导致小带轮包角减小过多。图 3-57b) 所示为自动张紧装置,重锤使张紧轮自动压在松边的外侧。为了增大小带轮包角,张紧轮应靠近小带轮。这种张紧使传动带受到反向弯曲,从而会降低传动带的寿命。

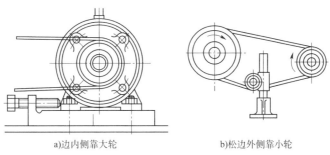

a)边内侧靠大轮　　　　　　b)松边外侧靠小轮

图 3-57　带传动的张紧与调整

任务实施

一、任务准备

1. 组织方式

(1) 场地设施：智慧教室。

(2) 工具：纸、笔、工作页。

(3) 实施方式：将学生 6~8 人分为一组进行分组讨论。每组派出代表进行汇报，教师指导点评。

2. 操作要求

(1) 指导教师严格限制讨论时间，小组分工要明确。

(2) 分析和表述问题逻辑清晰。

(3) 遵守秩序，注意安全。

二、操作步骤

(1) 在教师指导下拆汽车发电机皮带、空调压缩机皮带（图 3-58）。

(2) 观察图 3-59 所示的皮带类型，并将结果填写在任务测评表中个人总结一栏。

(3) 检查皮带是否有老化破损（图 3-60），将检查结果填写在任务测评表中个人总结一栏，并写明破损的类型及原因。

图 3-58　发电机皮带、空调压缩机皮带

图 3-59　记录皮带类型

图 3-60　正时皮带老化现象

（4）正确安装皮带，如图3-61所示，并完成皮带张紧力的调整。

图3-61　张紧轮张紧皮带

三、任务测评

任务测评表见表3-4。

任务测评表　　　　　　　　　　　　　　　　　表3-4

班级		姓名		日期		自评	互评	教师
1. 能正确解答基础知识、认识皮带型号规格								
2. 能正确拆装皮带，会调节张紧皮带								
3. 检查皮带外观情况								
4. 在完成任务时，按照操作规程做到安全文明								
个人总结								
总体评价						教师签名		

任务小结

（1）带传动是应用较广泛的一种机械传动，一般由主动带轮、从动带轮和传动带组成，借助带与带轮之间的摩擦或啮合，将主动轮的运动传给从动轮，根据工作原理不同分摩擦带传动和啮合带传动。

（2）摩擦带传动是利用带与带轮间的摩擦力传递运动与动力。

按带的截面形状不同，可分为平带传动、V带传动、多楔带传动、圆形带传动等。

（3）带传动的主要失效形式：疲劳断裂、打滑、工作面磨损。

习题

一、判断题

1. 带传动的弹性滑动是可以避免的。　　　　　　　　　　　　　　　　　　　（　　）

2. 带传动不能保证传动比准确不变的原因是发生打滑现象。（　）
3. 与平带传动相比较，V带传动的优点是承载能力大。（　）
4. 与链传动相比较，带传动的优点是工作平稳，基本无噪声。（　）
5. 选取V带型号，主要取决于带传递的功率和小带轮转速。（　）
6. 链传动属于啮合传动，所以瞬时传动比恒定。（　）
7. V带传动是依靠带与带轮接触面之间的正压力来传递运用和动力的。（　）
8. 带传动产生弹性滑动的原因是带传递的中心距大。（　）

二、选择题

1. 带传动是依靠（　）来传递运动和功率的。
   A. 带与带轮接触面之间的正压力　　B. 带与带轮接触面之间的摩擦力
   C. 带的紧边拉力　　D. 带的松边拉力
2. 带张紧的目的是（　）。
   A. 减轻带的弹性滑动　　B. 提高带的寿命
   C. 改变带的运动方向　　D. 使带具有一定的初拉力
3. 与平带传动相比较，V带传动的优点是（　）。
   A. 传动效率高　　B. 带的寿命长
   C. 带的价格便宜　　D. 承载能力大
4. 带传动的中心距过大时，会导致（　）。
   A. 带的寿命缩短　　B. 带的弹性滑动加剧
   C. 带的工作噪声增大　　D. 带在工作时出现颤动
5. 带传动产生弹性滑动的原因是（　）。
   A. 带与带轮间的摩擦因数较小　　B. 带绕过带轮产生了离心力
   C. 带的紧边和松边存在拉力差　　D. 传递的中心距大
6. 带传动正常工作时不能保证准确的传动比是因为（　）。
   A. 带的材料不符合胡克定律　　B. 带容易变形和磨损
   C. 带在带轮上打滑　　D. 带的弹性滑动
7. 带传动的主要失效形式是带的（　）。
   A. 疲劳拉断和打滑　　B. 磨损和胶合
   C. 胶合和打滑　　D. 磨损和疲劳点蚀
8. （　）是带传动中所固有的物理现象，是不可避免的。
   A. 弹性滑动　　B. 打滑
   C. 松弛　　D. 疲劳破坏

三、简答题

1. 简述带传动的工作原理。

2.带传动的打滑是如何发生的？打滑对带传动会产生什么影响？

3.带传动的主要失效形式是什么？提高带传动工作能力的措施主要有哪些？

学习任务4　认知与拆装齿轮机构和轮系

任务描述

齿轮传动在日常生活中随处可见,我们戴的机械式手表,正是由于齿轮机构一丝不苟、认真负责地运转,才能准确无误地工作。汽车手动变速器更是齿轮机构应用的典型,操纵变速器操纵杆挂入高挡,使车速加快,操纵变速器操纵杆挂入低挡,降低车速,以增大驱动力。那么,这种变速器中的齿轮是怎么工作？特点又是什么？

任务目标

1.能掌握渐开线齿轮传动的工作特点、类型、计算方法。
2.能描述轮系的类型,会计算定轴轮系的传动比,了解行星轮系在汽车上的应用。
3.能自觉弘扬劳动精神、奋斗精神、奉献精神。
建议学时:6 学时。

知识准备

一、齿轮传动

齿轮传动是利用轮齿相互啮合实现两轴间的运动与动力的传递,齿轮传动是现代机械中应用最广的传动机构之一。

1.齿轮传动的类型和特点

1）齿轮传动的类型
按照两轴的相对位置和齿向及啮合方式分类,齿轮传动的类型如图 3-62、图 3-63 所示。
2）齿轮传动的特点
齿轮传动与其他传动形式相比,具有以下优点:
（1）保证瞬时传动比恒定不变。

内啮合圆柱齿轮
传动

曲线齿锥齿轮
传动

(2) 速度适用范围大($v=0\sim300\mathrm{m/s}$)。

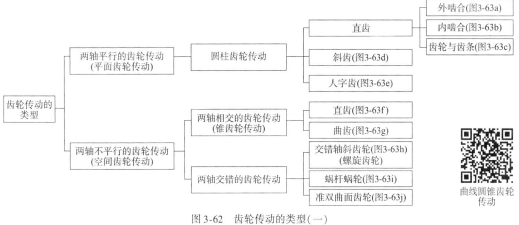

图 3-62 齿轮传动的类型(一)

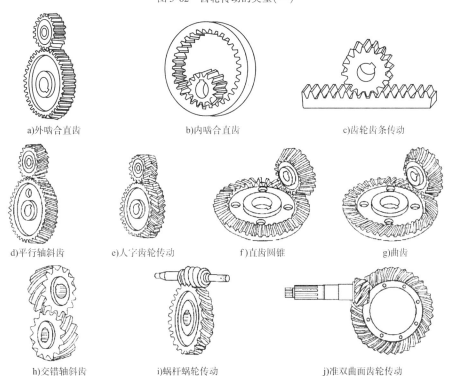

a) 外啮合直齿 b) 内啮合直齿 c) 齿轮齿条传动

d) 平行轴斜齿 e) 人字齿轮传动 f) 直齿圆锥 g) 曲齿

h) 交错轴斜齿 i) 蜗杆蜗轮传动 j) 准双曲面齿轮传动

图 3-63 齿轮传动的类型(二)

(3) 功率和速度的适用范围广,功率适用范围大($P=0\sim105\mathrm{kW}$)。
(4) 传动效率高($\eta=0.96\sim0.99$)。
(5) 使用寿命长(一般可达 10~20 年)。
(6) 结构紧凑,工作可靠。

齿轮传动与其他传动形式相比,具有以下缺点:
(1) 运转过程中有振动、冲击和噪声。
(2) 制造和安装精度高,制造工艺较复杂,故成本高。

齿轮传动的类型

齿轮传动的原理

(3) 不能实现无级变速。

(4) 不适宜用在中心距较大的场合。

2. 渐开线齿廓

1) 渐开线的形成

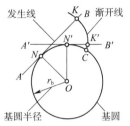

图3-64 渐开线齿轮齿廓曲线

为了保证齿轮传动的平稳性,保证任一瞬时的传动比恒定,对齿轮齿廓曲线的特性有一定的要求,而满足这一要求的齿廓曲线有渐开线、摆线、圆弧等,目前各类机械中应用最广泛的齿轮齿廓曲线是渐开线,也称为渐开线齿轮。

渐开线的形成及其性质如下:当一直线 AB 在半径为 r_b 的圆上做纯滚动时(图3-64),其上任一点 K 的轨迹称为该圆的渐开线。该圆称为基圆,r_b 称为基圆半径;直线 AB 称为发生线。

2) 渐开线齿廓满足定角速比要求

一对齿廓 E_1、E_2 在 K 点啮合,过 K 作两齿廓公法线 n-n,与连心线交于 C 点称为节点。C 点是齿轮1、2的相对瞬心。角速度与连心线被轮廓接触点公法线所分割的两线段长度成反比。

$$\frac{\omega_1}{\omega_2} = \frac{\overline{O_2C}}{\overline{O_1C}} \tag{3-5}$$

齿廓实现定传动比的条件:C 点是连心线上的固定点。齿廓无论在哪一点接触,公法线与连心线都交于一个定点。

瞬时传动比为:

$$i_{12} = \frac{\omega_1}{\omega_2} = \frac{\overline{O_2C}}{\overline{O_1C}} = C \tag{3-6}$$

过节点 C 所作的两个相切的圆,称为节圆,以 r_1、r_2 表示两个节圆的半径。由于节点的相对速度等于零,所以一对齿轮在滚动时,它的一对节圆在做纯滚动,由图3-65可知一对外啮合齿轮,角速度之比恒等于其节圆半径之比。

3. 直齿圆柱齿轮传动

1) 标准直齿圆柱齿轮的基本参数及几何尺寸(图3-66)

(1) 齿顶圆。由齿轮齿顶所确定的圆称为齿顶圆,其直径用 d_a 表示。

(2) 齿根圆。由齿轮齿根部所确定的圆称为齿根圆,其直径用 d_f 表示。

(3) 分度圆。是在齿顶圆与齿根圆之间一个作为齿轮尺寸计算量基准的圆,标准齿轮在分度圆上的齿厚 s 与齿槽宽 e 相等,其直径用 d 表示(注:在分度圆上的各代号都均不带下标)。

(4) 齿厚。在齿轮任意直径 d_k 的圆周上,轮齿两侧齿廓之间的弧长称为该圆上的齿厚,用 s_k 表示,分度圆上的齿厚用 s 表示。

(5) 齿槽宽。相邻两齿之间的空间称为齿槽,在齿轮任意直径 d_k 的圆周上,齿槽两侧齿廓之间的弧长称为该圆上的齿槽宽,用 e_k 表示,分度圆上的齿槽宽用 e 表示。

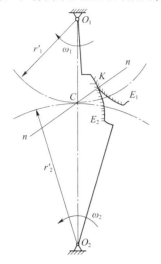

图 3-65 渐开线齿廓满足定角速比要求

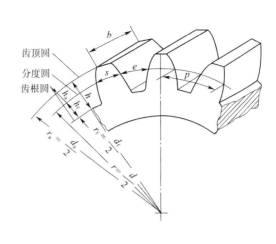

图 3-66 渐开线齿轮几何尺寸

（6）齿距。在齿轮任意直径 d_k 的圆周上,相邻两齿同侧齿廓之间的弧长称为该圆上的齿距,用 p_k 表示,分度圆上的齿距用 p 表示。任意直径上 $p_k = s_k + e_k$；分度圆上 $s = e$,齿距 $p = s + e$。

（7）齿顶高。齿顶圆与分度圆之间径向距离,用 h_a 表示。

（8）齿根高。齿根圆与分度圆之间径向距离,用 h_f 表示。

（9）全齿高。齿顶圆与齿根圆之间径向距离,用 h 表示,$h = h_a + h_f$。

（10）齿数。齿轮圆周上轮齿的数目称为齿数,用 z 表示,是齿轮的基本参数之一。

（11）压力角。如图 3-67 所示,两节圆的公切线 t-t 与啮合线 N_1N_2 间夹角 α' 称为压力角,分度圆上的压力角为标准压力角,简称压力角,是齿轮的基本参数之一,我国规定的标准压力角 $\alpha = 20°$。

（12）模数。分度圆周长为 $pz = \pi d$,$d = pz/\pi$,为了标准化制造,规定 p/π 的值为标准值,称为模数,用 m 表示,表 3-5 为《渐开线圆柱齿轮模数》（GB/T 1357—1987）规定的标准模数系列,其单位

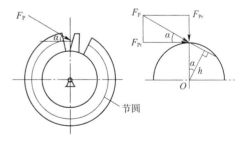

图 3-67 压力角

为 mm。模数是齿轮的国家标准基本参数之一,模数值 m 越大,齿轮的承载能力越大。

标准模数系列（单位:mm） 表 3-5

第一系列	1	1.25	1.5	2	2.5	3	4	5	6	8	10	12	16	20	25	32	40	50
第二系列	1.75	2.25	2.75	(3.25)	3.5	(3.75)	4.5	5.5	(6.5)	7	9	(11)	14	18	22	28	36	45

（13）齿顶高系数 h_a^* 和顶隙系数 c^* 表征齿轮齿顶高高度和顶隙大小的两个参数,是齿轮的基本参数之一,标准齿轮国家标准规定如下。

①正常齿：$h_a^* = 1$,$c^* = 0.25$。

②短齿:$h_a^* = 0.8, c^* = 0.3$。

(14)顶隙。顶隙是一齿轮的齿顶圆与另一齿轮的齿根圆之间的径向距离,用c表示,顶隙$c = c^* m$。

2)标准直齿圆柱齿轮各部分的几何尺寸计算

标准直齿圆柱齿轮的基本尺寸计算公式见表3-6。

齿轮传动比 v1

标准直齿圆柱齿轮的基本尺寸计算公式 表3-6

名称	代号	计算公式	备注
模数	m	通过计算定出	齿轮三要素
齿形角	α	$\alpha = 20°$	
齿数	z	由传动比计算求得	
齿距	p	$p = \pi m$	圆周方向四个参数
齿厚	s	$S = p/2 = \pi m/2$	
槽宽	e	$e = s/2 = \pi m/2$	
基圆齿距	pb	$pb = p\cos\alpha = \pi m\cos\alpha$	
齿顶高	h_a	$h_a = h_a^* \, m = m$	齿轮径向四个参数
齿根高	h_f	$h_f = (h_a^* + c^*)m = 1.25m$	
齿高	h	$h = h_a + h_f = 2.25m$	
顶隙	c	$c = c^* m = 0.25m$	
分度圆径	d	$d = mz$	四个直径
基圆直径	d_b	$d_b = d\cos\alpha = mz\cos\alpha$	
齿顶圆直径	d_a	$d_a = d + 2h_a = m(z+2)$	
齿根圆直径	d_f	$d_f = d + 2h_f = m(z-2.5)$	
中心距	a	$a = d_1/2 + d_2/2 = m(z_1 + z_2)/2$	一个中心距

【例3-2】 一对啮合的标准直齿齿轮(压力角$\alpha = 20°$,齿顶高系数$h_a^* = 1$,顶隙系数$c^* = 0.25$),齿数$z_1 = 20$、$z_2 = 32$,模数$m = 10$,试计算各齿轮分度圆直径d_1、d_2,齿顶圆直径d_{a1}、d_{a2},齿根圆直径d_{f1}、d_{f2},齿厚s、基圆直径d_{b1}、d_{b2},和两齿轮的中心距a($\cos20° = 0.94$,$d = mz$,$d_a = m(z+2)$,$d_f = m(z-2.5)$,$s = \pi m/2$,$d_b = d\cos\alpha$,$a = d_1/2 + d_2/2$)。

解:(1)小齿轮 $d_1 = m \times z_1 = 10 \times 20 = 200(\text{mm})$

$d_{a1} = m(z_1 + 2) = 10 \times (20 + 2) = 220(\text{mm})$

$d_{f1} = m(z_1 - 2.5) = 10 \times (20 - 2.5) = 175(\text{mm})$

$s = \pi m/2 = 3.14 \times 10/2 = 15.7(\text{mm})$

$d_{b1} = d_1 \cos\alpha = 200 \times \cos20° = 188(\text{mm})$

(2)大齿轮 $d_2 = m \times z_2 = 10 \times 32 = 320(\text{mm})$

$d_{a2} = m(z_2 + 2) = 10 \times (32 + 2) = 340(\text{mm})$

$d_{f2} = m(z_2 - 2.5) = 10 \times (32 - 2.5) = 295(\text{mm})$

$s = \pi m/2 = 3.14 \times 10/2 = 15.7(\text{mm})$

$d_{b2} = d_2 \cos\alpha = 200 \times \cos20° = 301(\text{mm})$

(3)中心距离:$a = d_1/2 + d_2/2 = (d_1 + d_2)/2 = (200 + 320)/2 = 260(\text{mm})$

3) 渐开线直齿圆柱齿轮的传动

(1) 齿轮传动的正确啮合条件。一对渐开线直齿圆柱齿轮传动时,为保证两齿轮能正确啮合,要满足以下两个条件:

$$\begin{cases} m_1 = m_2 = m \\ \alpha_1 = \alpha_2 = \alpha \end{cases} \quad (3-7)$$

即一对渐开线直齿圆柱齿轮的正确啮合条件是:两个齿轮的模数和压力角应分别相等。

一对齿轮的转速之比称为传动比,用 i 表示。根据正确啮合条件,一对渐开线齿轮的传动比计算公式为:

$$i_{12} = \frac{n_1}{n_2} = \frac{d_2}{d_1} = \frac{z_2}{z_1} \quad (3-8)$$

(2) 最少齿数 $z_{\min}$。为了齿轮加工过程中,不发生根切现象,规定标准直齿圆柱齿轮的齿数不能少于 17 齿,即 $z_{\min} = 17$。如果实际工作中确定需要齿轮齿数少于 17 齿,必须采用变位齿轮。

(3) 齿轮连续啮合条件。一对轮齿的啮合过程中要保证齿轮能连续啮合传动,当前一对轮齿啮合,后一对轮齿必须提前或至少同时到达开始啮合,这样传动才能连续进行。齿轮传动的重合度如图 3-68 所示。渐开线齿轮连续传动的条件为:

$$\varepsilon = \frac{B_1 B_2}{p_b} \geqslant 1 \quad (3-9)$$

ε 越大,意味着多对轮齿同时参与啮合的时间越长,每对轮齿承受的载荷就越小,齿轮传动也越平稳。对于标准齿轮,ε 的大小主要与齿轮的齿数有关,齿数越多,ε 越大。直齿圆柱齿轮传动的最大重合度 $\varepsilon = 1.982$,即直齿圆柱齿轮传动不可能始终保持两对轮齿同时啮合。理论上只要 $\varepsilon = 1$ 就能保证连续传动,但因齿轮有制造和安装等误差,实际应使 $\varepsilon > 1$。一般机械中常取 $\varepsilon \geqslant 1.1 \sim 1.4$。

4) 直齿圆柱齿轮在汽车上的应用

在汽车中,圆柱齿轮主要用于机械式变速器中,机械式变速器有两轴式和三轴式两类,两轴式包括一个输入轴和一个输出轴;三轴式包括一个输入轴、一个输出轴和一个中间轴。无论两轴式还是三轴式,各轴之间都平行,所以选用圆柱齿轮传动,包括直齿轮、斜齿轮来传递各平行轴之间的运动和动力。

4. 斜齿圆柱齿轮传动

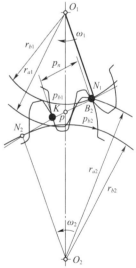

图 3-68 重合度

1) 斜齿轮齿廓曲面的形成及其啮合特点

如图 3-69 所示,斜齿轮齿廓啮合过程中,进入啮合或退出啮合是逐渐进行的,故传动平稳、噪声小、承载能力强,但会对支座产生轴向力,有与直齿轮不同的轴系结构。

2) 斜齿圆柱齿轮传动特点

(1) 轮齿的接触线先由短变长,再由长变短,承载能力大,可用于大功率传动。

(2) 轮齿上的载荷逐渐增加,又逐渐卸掉,承载和卸载平稳,冲击、振动和噪声小。

(3) 由于轮齿倾斜,传动中会产生一个轴向力。

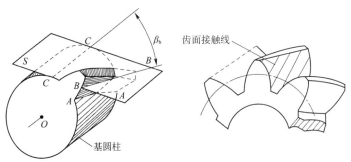

图 3-69 斜齿轮齿廓曲面的形成

(4)斜齿圆柱齿轮在高速、大功率传动中应用十分广泛。

斜齿轮传动平稳、承载能力强、噪声和冲击小,适用于高速、大功率的齿轮传动。

3)斜齿圆柱齿轮主要参数及几何尺寸

由于斜齿圆柱齿轮的齿廓曲面为渐开线螺旋曲面,其几何参数有端面(与齿轮轴线垂直的平面)和法面(与齿轮分度圆柱螺旋线垂直的平面)之分。标准规定斜齿轮的法面参数为标准值(用下角标 n 标识),计算斜齿轮的几何尺寸时一般按照端面参数(用下角标 t 标识)。

螺旋角 β(斜齿轮的基本参数之一)一般取值为 $8°\sim20°$。

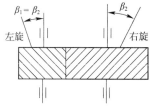

图 3-70 斜齿轮轮齿旋向

按螺旋线的方向,斜齿轮有左旋和右旋之分(图 3-70)。

斜齿轮传动的正确啮合条件:在端面内,斜齿圆柱齿轮和直齿圆柱齿轮一样,都是渐开线齿廓。因此,一对斜齿圆柱齿轮传动时,必须满足 $m_{t1}=m_{t2}$,$\alpha_{t1}=\alpha_{t2}$;两齿轮的螺旋角 β 应大小相等,外啮合时方向相反,内啮合时方向相同。

由于斜齿圆柱齿轮的法向参数为标准值,故其正确啮合条件为:

$$\begin{cases} m_{n1}=m_{n2}=m_n \\ \alpha_{n1}=\alpha_{n2}=\alpha_n \\ \beta_1=\pm\beta_2 \end{cases} \tag{3-10}$$

式中,"-"号用于外啮合,"+"号用于内啮合。

4)斜齿圆柱齿轮在汽车上的应用

普通汽车手动变速器是多级斜齿轮传动,传动比精确,工作平稳,冲击、噪声和振动小,无打滑现象,传动效率高,寿命长。

5. 直齿锥齿轮传动

1)直齿锥齿轮传动的特点

锥齿轮的轮齿分布在一截锥体上,如图 3-71 所示,它用于两轴线相交的轴间传动,特别是两轴线垂直相交的轴间传动。

锥齿轮的轮齿可以是直齿、斜齿或曲齿。直齿锥齿轮因其设计、加工及安装均较简便,故应用较广;而曲齿锥齿轮由于其传动平稳、结构紧凑并可传递较大负载,在汽车及拖拉机的差动轮系中获得广泛应用。

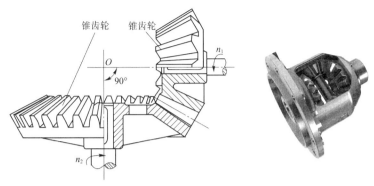

图 3-71 锥齿轮传动

2）直齿锥齿轮主要参数及几何尺寸

锥齿轮的几何尺寸计算以大端为标准,在大端的分度圆上,模数按国家标准规定的模数系列取值,压力角 $\alpha = 20°$,齿顶高系数 $h_a^* = 1$,顶隙系数 $c^* = 0.2$。

3）直齿锥齿轮传动的正确啮合条件

直齿锥齿轮的正确啮合条件为：两锥齿轮的大端模数和压力角分别相等且等于标准值,即：

$$\begin{cases} m_1 = m_2 = m \\ \alpha_1 = \alpha_2 = \alpha \end{cases} \tag{3-11}$$

4）直齿锥齿轮在汽车上的应用

直齿锥齿轮主要用于汽车驱动桥的主减速器和差速器中。对于发动机前置后驱的车辆,汽车传动轴和后轮半轴呈相交关系,主减速器要将来自传动轴的运动传递给车轮半轴必须采用锥齿轮传动。主减速器中齿轮将来自传动轴的运动和动力再次减速、增矩后传递至与其相交的两半轴。差速器的主要作用是按实际的运行情况将来自传动轴的运动和动力分配给两个车轮,现在广泛采用的是对称锥齿轮式差速器。

如图 3-72 所示,直齿锥齿轮主要用于汽车的主减速器锥齿轮,锥齿轮除了变速变矩,还改变了传动轴线的方向。

图 3-72 汽车主减速器中直齿锥齿轮

二、轮系

1. 轮系的类型

一对齿轮在传递运动时,可获得的传动比有限,一般在 10 以下,并且当两轴中心距较大时,如果还采用一对齿轮,那么齿轮的结构要做得比较大,占用较大的空间,结构不合理。此时,如果还需要采用齿轮传动,那么可以考虑采用轮系。在实际机械中,为了获得大传动比和多种速度的变速或变向,一对齿轮传动已经不能满足工作要求,而是需要用若干对齿轮组成传动机构,如汽车中的变速器(图3-73)、差速器等。这种由一系列齿轮组成的传动系统,称为轮系。

图3-73 汽车变速器

轮系有两种基本类型,定轴轮系与周转轮系。

轮系运转时各齿轮的几何轴线位置相对于机架是固定的称定轴轮系,如图3-74所示。轮系运转时至少有一个齿轮的几何轴线绕另一几何轴线转动,这样的轮系称为周转轮系,图3-75所示。

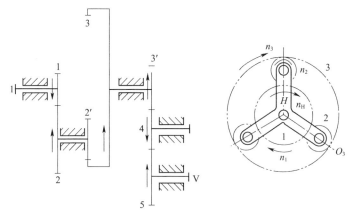

图3-74 定轴轮系　　图3-75 周转轮系

2. 定轴轮系的传动方向和传动比计算

1) 定轴轮系中齿轮传动方向的确定

定轴轮系各轮的相对转向可以通过逐对齿轮标注箭头的方法来确定,如图3-76所示。

2) 定轴轮系传动比的计算

在轮系中,输入轴(轮)与输出轴(轮)的转速或角速度之比称为轮系的传动比,用 i 表示:

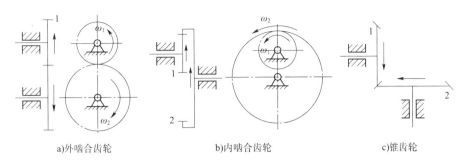

a)外啮合齿轮　　　b)内啮合齿轮　　　c)锥齿轮

图 3-76　定轴轮系中齿轮传动方向的确定
1、2—齿轮

$$i_{12} = \frac{n_1}{n_2} = \frac{\omega_1}{\omega_2} = \pm \frac{z_2}{z_1} \qquad (3-12)$$

式中"±",当输入轴(轮)与输出轴(轮)的转向相同时取"+",相反取"-"。

多级齿轮传动比,总传动比等于各对啮合齿轮传动比的连乘积,等于轮系中所有从动轮齿数的连乘积与所有主动轮齿数的连乘积之比,即:

$$i_{1k} = \frac{n_1}{n_k} = (-1)^m \frac{\text{轮系中所有从动轮齿数的乘积}}{\text{轮系中所有主动轮齿数的乘积}}$$

(3-13)

式中：m——平行轴外啮合齿轮的对数。

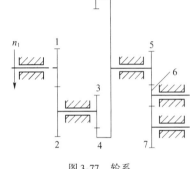

图 3-77　轮系
1~7—齿轮

【例 3-3】　图 3-77 所示轮系中,已知各轮齿数分别为 $z_1=24, z_2=28, z_3=20, z_4=60, z_5=20, z_6=20, z_7=28$,求传动比 i_{17}。若齿轮 z_1 的转向已知,且 $n_1=980$ r/min,求齿轮 z_7 的转速与转向。

解：定轴轮系外啮合齿轮的对数为 3 对,$m=3$。

$$i_{17} = \frac{n_1}{n_7} = (-1)^3 \frac{z_2 \times z_4 \times z_6 \times z_7}{z_1 \times z_3 \times z_5 \times z_6}$$

$$= -\frac{28 \times 60 \times 20 \times 28}{24 \times 20 \times 20 \times 20}$$

$$= -\frac{49}{10} = -4.9$$

$$i_{17} = \frac{n_1}{n_7} \quad 4.9 = \frac{980}{n_7} \quad n_7 = 20 \text{r/min}$$

行星齿轮结构

3. 周转轮系的简介

凡是在工作时,至少有一个齿轮及轴线是围绕另一个齿轮轴线转动的,称为周转轮系。周转轮系的齿轮在自转的同时还有公转,如同太阳系,人类所在的地球行星在绕太阳公转的情况下,还绕自身周线自转,所以该周转齿轮传动又称为行星齿轮传动(图 3-78)。

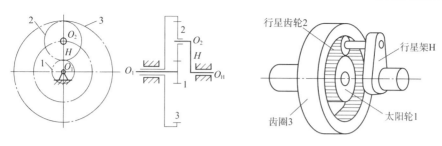

图 3-78 行星齿轮机构

在如图 3-77 所示的轮系中,齿轮 1、齿轮 3 以及构件 H 各绕固定的轴线 O_1、O_3 与 O_H 转动,齿轮 2 空套在构件 H 的轴上。当构件 H 转动时,齿轮 2 一方面绕自己轴线 O_2 转动(自转),同时又随构件 H 绕固定的轴线 O_H 转动(公转),轴线 O_H 与 O_1、O_3 重合。

其中轴线位置变动的齿轮 2,既自转又公转,称为行星轮;支持行星轮做自转和公转的构件 H 称为行星架(或系杆)将各个行星轮轴用框架铰链连接成一个行星架;轴线位置固定的齿轮 1 称中心轮(或太阳轮),齿轮 3 称齿圈。

装在一起的太阳轮、行星架和齿圈都能成为相对独立的运动构件。在三个构件中,若将一个固定(如齿圈),另一个为(如太阳轮)输入运动,则剩下的那个构件(行星架)就能做确定的相对(太阳轮和齿圈)的运动输出。若将这三个构件轮流变换为固定件、主动件和从动件,就能获得不同的传动比和旋向的齿轮传动(图 3-79)。

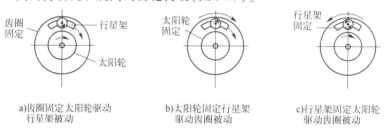

a) 齿圈固定太阳轮驱动行星架被动　　b) 太阳轮固定行星架驱动齿圈被动　　c) 行星架固定太阳轮驱动齿圈被动

图 3-79 轮系

这种模式用在汽车变速器上更容易实现自动换挡。目前,汽车自动变速器(AT)上就用了这样的行星齿轮传动。图 3-80 所示为它们的实物图片。

图 3-80 行星齿轮传动实物

4. 轮系在汽车上的应用

对于机械变速器(图 3-81),如果仅采用一对齿轮传动是不能满足汽车行驶时不同工况下的运动和动力需求的。汽车在行驶时,车轮转速一般不大于 200r/min,即车轮可达到的最高转速一般在 200r/min 以内,而发动机输出的转速一般在上千转,且汽车在实际运行时工况复杂,要适应不同行驶阻力的需要,要求驱动力的变化范围是很大的,而发动机输出的转矩变化幅度不大。所以,要求传动系统要有减速、增矩的作用。通过传动系统的作用,使驱动轮的转速降低为发动机转速的若干分之一,保持发动机在有利的转速范围内工作,且汽车牵引力又在足够大的范围内变化,这些必须通过变速器来使发动机输出转矩的变化范围能满足汽车行驶的

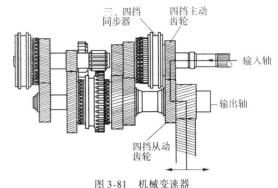

图 3-81 机械变速器

需要。同时,变速器还应能实现汽车的倒驶和发动机的空转,所以必须采用轮系传动才能实现。

目前,汽车上多采用机械有级式变速器,变速传动机构采用轮系传动。一般设有 3~6 个前进挡和 1 个倒挡。每一个挡位都有一个传动比,可以将发动机输出转矩增大到和传动比相同的倍数,同时将发动机转速降低到和传动比相同的倍数。挡位越低,传动比越大。因此,当汽车低速行驶需要大转矩时,可以将变速器挂入低挡;而汽车高速行驶需要小转矩时,可将变速器挂入高挡。在前进挡中,有一个挡的传动比为 1。挂入该挡时变速器第一轴(输入轴)和第二轴(输出轴)成一体同步转动,发出动力不经变化直接输出,称之为直接挡。直接挡传动效率最高,应经常使用。当变速器不挂入任何挡位,称之为空挡,动力传送中断,实现发动机怠速运转,满足汽车滑行和怠速时的需要。

三、齿轮的失效形式

齿轮的失效是指齿轮传动过程中,若轮齿发生折断、齿面损坏等现象,齿轮失去了正常的工作能力。齿轮传动的失效主要发生在轮齿,常见的失效形式有轮齿折断、齿面点蚀、齿面磨损、齿面胶合和齿面塑性变形。

1. 轮齿折断

轮齿折断通常有两种情况:一种是由于多次重复的弯曲应力和应力集中造成的疲劳折断;另一种是由于突然产生严重过载或冲击载荷作用引起的过载折断。尤其是脆性材料(铸铁、淬火钢等)制成的齿轮更容易发生轮齿折断。两种折断均起始于轮齿受拉应力的一侧。增大齿根过渡圆角半径、改善材料的力学性能、降低表面粗糙度以减小应力集中,以及对齿根处进行强化处理(如喷丸、滚挤压)等,均可提高轮齿的抗折断能力(图 3-82)。

2. 齿面点蚀

轮齿工作时,前面啮合处在交变接触应力的多次反复作用下,在靠近节线的齿面上会产

生若干小裂纹。随着裂纹的扩展,将导致小块金属剥落,这种现象称为齿面点蚀(图3-83)。齿面点蚀的继续扩展会影响传动的平稳性,并产生振动和噪声,导致齿轮不能正常工作。点蚀是润滑良好的闭式齿轮传动常见的失效形式。提高齿面硬度和降低表面粗糙度值,均可提高齿面的抗点蚀能力,开式齿轮传动,由于齿面磨损较快,不出现点蚀。

图3-82 轮齿折断

图3-83 齿面点蚀

齿轮的失效形式

3. 齿面磨损

轮齿啮合时,由于相对滑动,特别是外界硬质微粒进入啮合工作面之间时,会导致轮齿表面磨损(图3-84)。齿面逐渐磨损后,齿面将失去正确的齿形,严重时导致轮齿过薄而折断,齿面磨损是开式齿轮传动的主要失效形式。为了减少磨损,重要的齿轮传动应采用闭式传动,并注意润滑。

4. 齿面胶合

在高速重载的齿轮传动中,齿面间的压力大、温升高、润滑效果差,当瞬时温度过高时,将使两齿面局部熔融、金属相互粘连。当两齿面做相对运动时,粘住的地方被撕破,从而在齿面上沿着滑动方向形成带状或大面积的伤痕(图3-85)。

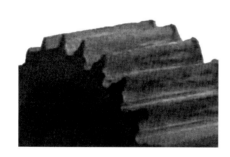
图3-84 齿面磨损

图3-85 齿面胶合

低速重载的传动不易形成油膜,摩擦发热虽不大,但也可能因重载而出现冷胶合。采用黏度较大或抗胶合性能好的润滑油,降低表面粗糙度值以形成良好的润滑条件;提高齿面硬度等均可增强齿面的抗胶合能力。

5. 齿面塑性变形

硬度较低的软齿面齿轮,在低速重载时,由于齿面压力过大,在摩擦力作用下,齿面金属产生塑性流动而失去原来的齿形(图3-86)。提高齿面硬度和采用黏度较高的润滑油,均有助于防止或减轻齿面塑性变形。

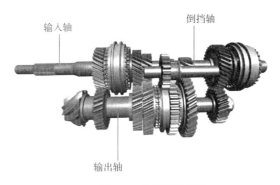

图 3-86 齿面塑性变形

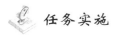任务实施

一、任务准备

1. 组织方式

(1) 场地设施:智慧教室。

(2) 工具:纸、笔、工作页。

(3) 实施方式:将学生 6~8 人分为一组进行分组讨论。每组派出代表进行汇报,教师指导点评。

2. 操作要求

(1) 指导教师严格限制讨论时间,小组分工要明确。

(2) 分析和表述问题逻辑清晰。

(3) 遵守秩序,注意安全。

二、操作步骤

(1) 在教师指导下拆下输入轴与输出轴(图 3-87)。

(2) 描述斜齿圆柱齿轮传动的优点。

(3) 已知一正常标准直齿圆柱齿轮,齿数 $z_1 = 36$,$d_{a1} = 105$mm 配制与其啮合的齿轮,要求 $a = 116.25$mm。求这对齿轮的分度圆直径 d_1、d_2 和 z_2。

(4) 计算图 3-86 手动变速器每对啮合齿轮的传动比。

(5) 检查图 3-86 手动变速器齿轮表面是否有点蚀、划痕及齿面磨损情况。

三、任务测评

任务测评表见表 3-7。

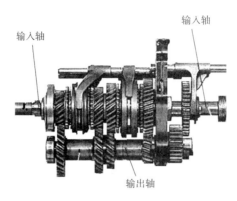

图 3-87　手动变速器输入轴与输出轴

任务测评表　　　　　　　　　　　　　　　　　表 3-7

班级		姓名		日期		自评	互评	教师
1. 能正确解答基础知识								
2. 能拆下输入轴与输出轴								
3. 能计算每对啮合齿轮的传动比								
4. 在完成任务时，按照操作规程做到安全文明								
个人总结								
总体评价						教师签名		

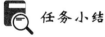任务小结

（1）齿轮传动是利用轮齿相互啮合实现两轴间的运动与动力的传递，齿轮传动是现代机械中应用最广的传动机构之一。

（2）标准直齿圆柱齿轮的基本参数：齿顶圆、齿根圆、分度圆、齿厚、齿距、齿数、压力角、模数等。

（3）一对渐开线直齿圆柱齿轮传动时，为保证两齿轮能正确啮合，要满足以下两个条件：

$$\begin{cases} m_1 = m_2 = m \\ \alpha_1 = \alpha_2 = \alpha \end{cases}$$

（4）斜齿圆柱齿轮传动平稳、噪声小、承载能力强，但对支座产生轴向力，有与直齿轮不同的轴系结构。

（5）轮系有两种基本类型——定轴轮系与周转轮系。

（6）齿轮传动的失效主要发生在轮齿。常见的失效形式：轮齿折断、齿面磨损、齿面点蚀、齿面胶合和塑性变形。

习题

一、判断题

1. 渐开线上任意点的法线一定与基圆相切。 ( )
2. 渐开线齿轮机构的分度圆与节圆是同一概念。 ( )
3. 为了使轮齿磨损均匀,一般使大、小两齿轮的齿数互为质数。 ( )
4. 轮齿折断有冲击折断和疲劳折断。 ( )
5. 基圆以内无渐开线。 ( )
6. 蜗杆传动用于相交轴传动;圆锥齿轮传动用于交错轴的传动。 ( )
7. 周转轮系的传动比等于各对齿轮传动比的连乘积。 ( )
8. 在轮系中,惰轮既能改变传动比大小,也能改变转动方向。 ( )

二、选择题

1. 齿轮渐开线的形状取决于( )。
   A. 齿顶圆半径的大小　　　　　　B. 基圆半径的大小
   C. 分度圆半径的大小　　　　　　D. 压力角的大小
2. 对一个齿轮来说,( )是不存在的。
   A. 基圆　　　　　　　　　　　　B. 分度圆
   C. 齿根圆　　　　　　　　　　　D. 节圆
3. 高速重载齿轮传动,当润滑不良时,最可能出现的失效形式是( )。
   A. 齿面胶合　　　　　　　　　　B. 齿面疲劳点蚀
   C. 齿面磨损　　　　　　　　　　D. 齿面疲劳折断
4. 齿轮传动中,轮齿的齿面疲劳点蚀,通常首先发生在( )。
   A. 齿顶部分　　　　　　　　　　B. 靠近节线的齿顶部分
   C. 齿根部分　　　　　　　　　　D. 靠近节线的齿根部分
5. 一对圆柱齿轮,常把小齿轮的宽度做得比大齿轮宽些,是为了( )。
   A. 使传动平稳
   B. 提高传动效率
   C. 提高小轮的接触强度和抗弯强度
   D. 便于安装,保证接触线长
6. 渐开线齿廓上任意点的法线都切于( )。
   A. 分度圆　　　　B. 基圆　　　　C. 节圆　　　　D. 齿根圆
7. 当两轴距离较远,且要求传动比准确,宜采用( )。
   A. 带传动　　　　　　　　　　　B. 一对齿轮传动
   C. 轮系传动　　　　　　　　　　D. 轴向传动
8. 渐开线标准齿轮的根切现象,发生在( )。
   A. 模数较大时　　　　　　　　　B. 模数较小时
   C. 齿数较小时　　　　　　　　　D. 齿数较大时

三、简答与计算题

1. 什么是齿轮的分度圆和节圆？两者有何区别？什么情况下两圆重合？

2. 什么是定轴轮系？什么是周转轮系？

3. 一对标准渐开线直齿圆柱齿轮外啮合传动，已知其模数 $m=2\text{mm}$，压力角 $\alpha=20°$，齿顶高系数 $h_a^*=1$，顶隙系数 $c^*=0.25$，齿数 $z_1=30, z_2=58$，计算：
   (1) 齿轮1的分度圆直径 d_1、齿顶圆直径 d_{a1}、齿根圆直径 d_{f1}、基圆直径 d_{b1}。
   (2) 该对齿轮标准啮合时的中心距 a。

4. 现有一个直齿圆柱齿轮，测得其齿顶圆直径 $d_a=127\text{mm}$。齿数 $Z=30$，为一标准直齿圆柱齿轮，问齿轮模数多大？并计算分度圆直径 d。

5. 一对渐开线直齿圆柱标准齿轮传动，已知齿数 $Z_1=25, Z_2=55$，模数 $=2\text{mm}$。压力角 $\alpha=20°, h_a^*=1, c^*=0.25$ 试求：
   (1) 齿轮1在齿顶圆上的压力角；
   (2) 如果这对齿轮安装后的实际中心距 $a'=181\text{mm}$，求啮合角和两齿轮的节圆直径、分度圆直径 $d_1、d_2$，齿顶圆直径 $d_{a1}、d_{a2}$，基圆直径 $d_{b1}、d_{b2}$。

6. 图示轮系中，已知各轮齿数：$Z_1=Z_2=15, Z_3=50, Z_4=20, Z_5=60$，求传动比 i_{15}，并根据齿轮1的转向判断齿轮5的转向(在图中标出箭头)。

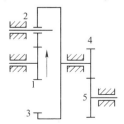

7. 下图所示轮系,已知:$z_1=20, z_2=40, z_2'=20, z_3=30, z_4=80$,试求传动比 i_{1H},并说明行星架 H 和齿轮 1 的转向关系。

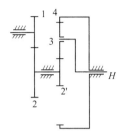

学习任务5 认知与拆装轴系部件

任务描述

作为机器中的重要零件,轴在生活、生产中无处不在:或许你能想到古时马车上的木轮轴,或许你能想到老爷车上的车轮轴,甚至是家里管道清洁器用的钢丝软轴。那你知道轴的具体作用以及它的分类吗?你了解轴的制造安装要求以及轴上零件的定位、固定方法吗?同时,作为轴与轴上零件支撑体的轴承,你知道轴承的构造、分类及如何选用呢?轴与轴周边许多零件是如何配合协调工作的?如果配合不好会怎样影响整台机器工作呢?

任务目标

1. 能说明轴、轴承的应用。
2. 能进行轴的结构分析。
3. 能根据实际选择轴承。
4. 能自觉弘扬劳动精神、奋斗精神、奉献精神。

建议学时:6学时。

知识准备

一、轴的功能与类型

轴的类型

1. 轴的功能

轴系零部件和连接零件是机械的重要组成部分。①机器中的转动零件都必须与轴连接并支承在轴上;②轴本身又要支承在轴承上与机架相连;③有时轴要通过联轴器与其他的轴或零部件相连。所以,轴的作用是支持旋转零件(如凸轮、齿轮、链轮、带轮等)、传递运动和动力,轴是机器中的重要零件。

2. 轴的类型

按承受载荷情况分类,轴有以下类型。

（1）转轴。既传递转矩又承受弯矩的轴称为转轴,如图 3-88 所示的汽车变速器中的输入轴、输出轴和中间轴。

（2）传动轴。只传递转矩不承受弯矩的轴称为传动轴,如图 3-89 所示的汽车传动轴。

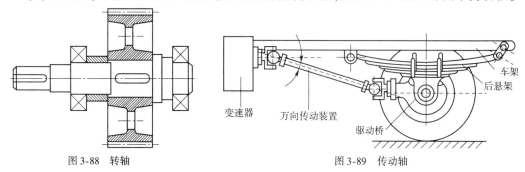

图 3-88 转轴　　　　　　　　　图 3-89 传动轴

（3）心轴。只承受弯矩而不传递转矩的轴,如图 3-90 所示的心轴。

按轴的轴线形状分类,轴可以分为曲轴(图 3-91)、挠性轴(图 3-92)、直轴(图 3-93),其中直轴还可按外形分为实心轴、光轴(图 3-93a)、阶梯轴(图 3-93b)、花键空心轴(图 3-93c)等。

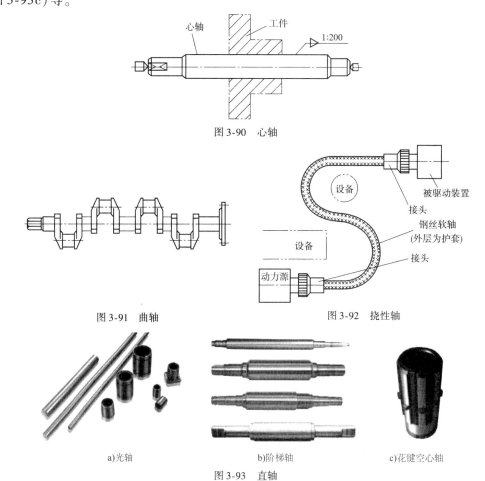

图 3-90 心轴

图 3-91 曲轴　　　　　　　　　图 3-92 挠性轴

a) 光轴　　　　b) 阶梯轴　　　　c) 花键空心轴

图 3-93 直轴

二、轴的材料

轴的材料主要采用碳素钢或合金钢。

1. 碳素结构钢

碳素结构钢价格低廉,应力集中敏感性差,经热处理后可得到较高的力学性能,所以应用广泛。常用的有 35、40、45 等优质碳素结构钢,其中 45 钢应用最普遍,热处理为正火或调质处理。

2. 合金结构钢

合金结构钢具有更高的力学性能和更好的淬透性能,但对应力集中比较敏感,价格较贵,常用于强度高、质量轻、尺寸小,要求有耐磨、耐高温、耐低温、耐腐蚀等特殊要求的场合。常用的合金结构钢有 20Gr、40Gr、35GrMo、40MnB 等。

三、轴的结构

进行轴的设计时,充分考虑轴的使用条件,保证其具有足够的工作能力,进行强度与刚度等的计算,并根据装配与工艺等要求进行轴的结构设计。

对轴的要求,主要解决两方面的问题:具有合理的结构形状和足够的承载能力。具有合理的结构形状,即轴的结构应该使轴上的零件能可靠地固定,便于装拆、维修,加工方便等;具有足够的承载能力,即轴应具有足够的强度和刚度,高速旋转的轴还要有振动稳定性要求,保证轴能正常工作。

1. 轴的组成

如图 3-94 所示,在左端可依次将齿轮、套筒、轴承、轴承盖、带轮装拆,右端将另一轴承装拆,轴上各轴段的端部加工有倒角,既是加工工艺的需要,也是为了便于装拆。

2. 轴上零件的定位

轴与轴上的零件要有准确的工作位置(定位要求),轴上零件的轴向定位通常采用轴肩或轴环(套筒)。图 3-95 所示中,轴肩⑤左端面是齿轮④在轴上的定位,轴段⑥右端面是右端轴承⑦在轴上的定位,轴段②左端面是皮带轮①在轴上的定位,左端轴承依靠套筒③定位。

3. 轴上零件的固定

轴上各零件要可靠地相互连接可分为轴向固定、周向固定。

1)轴向固定

轴上零件的轴向固定是为了防止在轴向力作用下零件沿轴向窜动。常用的固定方法有轴肩、轴环、螺母、轴端挡圈等。如图 3-95 所示,如齿轮受到轴向力时,右端是通过轴肩⑤→轴段⑥右端面顶在滚动轴承内圈上,左端则通过套筒顶在滚动轴承内圈上。

轴上零件的轴向固定时,如轴向力较小时可采用轴端挡圈(图 3-96)、圆锥面(图 3-97)等,还可以采用双圆螺母(图 3-98)、弹性挡圈(图 3-99)、紧定螺钉(图 3-100)等。

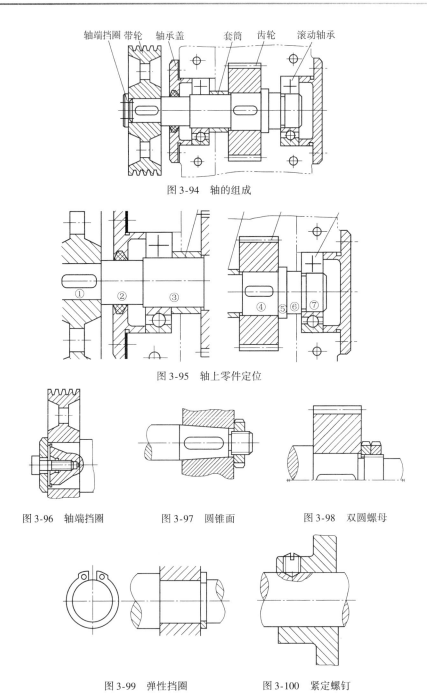

图 3-94 轴的组成

图 3-95 轴上零件定位

图 3-96 轴端挡圈　　图 3-97 圆锥面　　图 3-98 双圆螺母

图 3-99 弹性挡圈　　图 3-100 紧定螺钉

为了保证轴上零件紧靠轴肩,对轴肩的圆角半径 r 尺寸必须小于零件孔端的圆角半径 R 或倒角 C,如图 3-101 所示。

2）周向固定

周向固定是保证轴上零件传递转矩时防止零件与轴产生相对的转动。

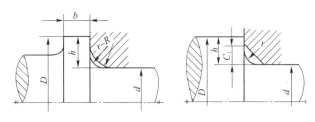

图 3-101 轴肩圆角与相配零件的倒角或圆角

滑动轴承原理及摩擦状态

四、滑动轴承

轴承的功能是支承轴与轴上零件,保证轴的旋转精度,减少转轴与支承之间的摩擦。根据轴承工作时的摩擦性质,轴承可分为滑动轴承与滚动轴承两类。

1. 滑动轴承的特点与类型

1)滑动轴承特点

(1)滑动轴承优点:具有承载能力强、工作平稳、噪声低、抗冲击、回转精度高、高速性能好等。

由于滑动轴承的独特优点,某些特殊场合必须采用滑动轴承,如轴的转速很高、旋转精度要求特别高、承受很大的冲击和振动载荷、必须采用剖分结构及特殊工作条件下的场合。

(2)滑动轴承缺点:启动摩擦阻力大。

2)滑动轴承分类

(1)按滑动轴承按承受载荷的方向,可分为向心(径向)滑动轴承和推力滑动轴承。

(2)按轴系和轴承装拆的需要,可分为整体式滑动轴承和剖分式滑动轴承。

(3)按轴颈和轴瓦间的摩擦状态,可分为液体摩擦滑动轴承和非液体摩擦滑动轴承。

2. 滑动轴承的结构

1)向心滑动轴承

(1)整体式向心滑动轴承。整体式向心滑动轴承如图 3-102 所示,它的结构由轴承座、轴套和润滑装置等部分组成。整体式向心滑动轴承具有以下特点:结构简单、成本低;轴套磨损后,间隙无法调整;装拆不便(只能从轴端装拆)。

应用场合:适于低速、轻载或间隙工作的机器。

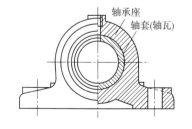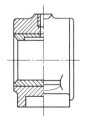

图 3-102 整体式向心滑动轴承

(2)剖分式向心滑动轴承。剖分式向心滑动轴承如图 3-103 所示。它由轴承座、轴承盖、轴瓦和双头螺柱等组成。在轴承座和轴承盖的剖分面上制有阶梯形定位止口,以便于安装时对心。剖分式径向滑动轴承装拆方便,轴瓦磨损后,可通过适当减薄剖分面间的垫片并进行刮瓦,来调整轴颈与轴瓦间的间隙,因此这种轴承得到了广泛的应用。

图 3-103　剖分式向心滑动轴承

剖分式向心滑动轴承具有以下特点:结构复杂;可以调整磨损而造成的间隙;安装方便。应用于低速、轻载或间歇性工作的机器中。

2) 推力滑动轴承

推力滑动轴承的结构如图 3-104 所示,它由轴承座、衬套、径向轴瓦和止推轴瓦组成。止推轴瓦的底部制成球面,以便对中。工作时润滑油用压力从底部注入,从上部油管导出进行润滑。

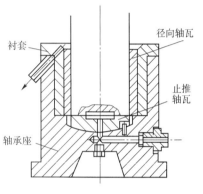

图 3-104　推力滑动轴承

3. 轴瓦结构

轴瓦是轴承中与轴颈直接接触的重要元件,其结构对轴承性能有很大的影响。为使轴瓦既有一定的强度,又具有良好的减摩性,有些轴瓦的表面浇铸一层减摩性好的材料(如轴承合金),称为轴承衬。

轴瓦结构分为整体式和对开式两种。整体式轴瓦是圆柱形轴套,结构如图 3-105a)所示;剖分式轴承的轴瓦由上、下两半组成,如图 3-105b)所示。两端的凸肩用于防止轴瓦轴向窜动。

为了将润滑油引入轴承,并布满于工作表面,轴瓦上开有供油孔、油沟、油槽。供油孔和油沟、油槽应开在轴瓦的非承载区,避免降低油膜承载能力,油槽的轴向长度一般取轴瓦宽度的 80% 左右,不能开通,以免润滑油自油槽端部大量泄漏。轴瓦上常见油孔油槽形式如图 3-106 所示。

4. 常用滑动轴承的材料

在滑动轴承中最常见的失效形式是轴瓦磨损、胶合,所以根据轴承的主要失效形式,对轴承材料的主要要求是:

(1) 具有足够的强度、硬度和耐磨性。

(2) 具有良好的塑性和韧性。

(3) 具有较小的摩擦因数和较强的磨合能力。

(4) 具有良好的导热性、耐腐蚀和低的热膨胀系数等。

常用轴承材料有轴承合金、青铜及非金属材料等。

1) 轴承合金

轴承合金是用来制造滑动轴承(轴瓦和轴承衬)的专用合金,轴承合金有锡锑轴承合金

（锡基巴氏合金）和铅锑轴承合金（铅基巴氏合金）两类。它们各以较软的锡或铅作基体，悬浮锑锡及铜锡硬晶粒，软基体组织塑性高，能与轴颈磨合、承受冲击载荷、储存润滑油、减少摩擦与磨损；硬晶粒起支承作用。

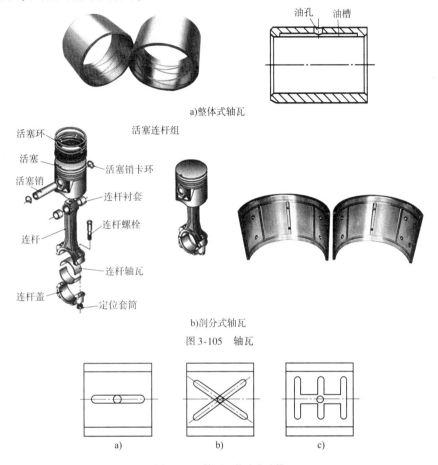

图 3-105 轴瓦

图 3-106 轴瓦上的油孔油槽

锡基轴承合金的热膨胀系数低、摩擦因数小、耐腐蚀、易跑合、抗胶合能力强，常用于如汽轮机、涡轮机、内燃机等高速、重载机械。铅基轴承合金的性能略低于锡基轴承合金，但价格低廉，常用于某些要求不太高场合，如用于不宜承受较大载荷、中速、中载机械一般用途的工业轴承。

2) 青铜

在一般机械中，有50%的滑动轴承采用青铜材料。青铜主要有锡青铜、铅青铜和铝青铜等。锡青铜和铅青铜既有较好的减摩性和耐磨性，又有足够的强度，且熔点高，适用于重载、中速机械。铝青铜的强度和硬度都较高，但抗胶合能力差，适用于重载、低速机械。

五、滚动轴承

滚动轴承是依靠滚动体与轴承座圈之间的滚动接触来工作的轴承，用于支承旋转零件。它广泛应用于各种机械设备中，如汽车变速器、制动器等。滚动轴承的尺寸已标准化，并由专门的轴承厂成批量生产。

1. 滚动轴承的结构

如图3-107所示,滚动轴承一般由外圈、内圈、滚动体和保持架组成。

(1)外圈——装在轴承座孔内,一般不转动。

(2)内圈——装在轴颈上,随轴转动。

(3)滚动体——滚动轴承的核心元件。

(4)保持架——将滚动体均匀隔开,避免摩擦。

滚动轴承结构

如图3-108所示,通常内圈紧套在轴颈上,随轴一起转动;外圈固定在机座或零件的轴承孔内,起支承作用。内、外圈上加工有滚道。工作时,滚动体在内、外圈滚道上滚动,形成滚动摩擦。保持架使滚动体均匀地相互隔开,以避免滚动体之间的摩擦和磨损。

滚动体是滚动轴承的核心元件,其形状如图3-109所示,有球形滚动体、圆柱滚子、圆锥滚子、球面滚子及滚针等。

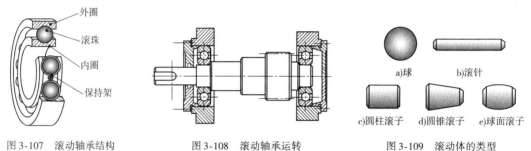

图3-107 滚动轴承结构　　图3-108 滚动轴承运转　　图3-109 滚动体的类型

2. 滚动轴承类型

为满足各种不同的工况条件要求,滚动轴承有多种不同的类型。常用滚动轴承的类型、特性如下。

(1)调心球轴承(图3-110)。

(2)调心滚子轴承(图3-111)。

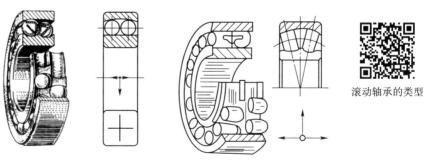

图3-110 调心球轴承　　图3-111 调心滚子轴承

(3)圆锥滚子轴承(图3-112)。

(4)推力球轴承(图3-113)。

 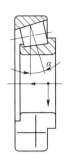 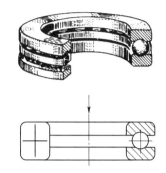

图 3-112　圆锥滚子轴承　　　　　图 3-113　推力球轴承

（5）深沟球轴承（图 3-114）。
（6）角接触球轴承（图 3-115）。

图 3-114　深沟球轴承　　　　　图 3-115　角接触球轴承

（7）圆柱滚子轴承（图 3-116）。
（8）滚针轴承（图 3-117）。

 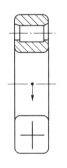 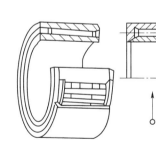

图 3-116　圆柱滚子轴承　　　　　图 3-117　滚针轴承

3. 滚动轴承的代号

滚动轴承的类型和尺寸繁多，在同一系列中有不同的结构、尺寸精度及技术要求，为了方便生产和选用，《滚动轴承　代号方法》（GB/T 272—2017）规定了滚动轴承的代号，并打印在滚动轴承端面上，以便于识别。

滚动轴承代号由前置代号、基本代号和后置代号三部分组成，见表 3-8。

滚动轴承代号的构成　　　　　　　　表 3-8

前置代号	基本代号					后置代号(字母 + 数字)						
	数字、字母	数字										
	第5位	第4位	第3位	第2位	第1位	密封与防尘代号	保持架及材料代号	特殊轴承材料代号	公差等级代号	游隙代号	多轴承配置代号	其他代号
轴承分部件代号	类型代号	尺寸系列代号		内径代号								
		宽度系列代号	直径系列代号									

1) 前置代号

用字母表示成套轴承的分部件,前置代号及其含义可查阅机械设计手册。

2) 基本代号

(1) 类型代号。基本代号右起第五位数字表示轴承的类型代号(尺寸系列代号如有省略则成为第四位),见表 3-9。

轴承的类型　　　　　　　　表 3-9

代号	轴承类型	代号	轴承类型
0	双列角接触球轴承	6	深沟球轴承
1	调心球轴承	7	角接触球轴承
2	调心滚子轴承	8	推力圆柱滚子轴承
3	圆锥滚子轴承	N	圆柱滚子轴承
4	双列深沟球轴承	NA	滚针轴承
5	推力球轴承		

(2) 尺寸系列代号。轴承在结构和内径相同的条件下还具有不同的外径和宽度,包括直径系列代号和宽度系列代号。

基本代号右起第三位数字表示轴承的直径系列代号;基本代号右起第四位数字表示轴承的宽度系列代号,见表 3-10。

轴承的尺寸系列代号　　　　　　　　表 3-10

代号	7	8	9	0	1
宽度系列	—	特窄	—	窄	正常
直径系列	超特轻		超轻		特轻
代号	2	3	4	5	6
宽度系列	宽	特宽			
直径系列	轻	中	重	—	

注:宽度代号为 0 时可略去(但 2、3 类轴承除外)。

图 3-118 所示为轴承的内径相同,而直径系列与宽度系列不同的四种轴承的对比,相同内径的轴承,外廓尺寸大则轴承的承载能力大。

(3)内径代号。基本代号右起第一、二位数字表示轴承公称内径尺寸,见表 3-11。

3)后置代号

用字母(或加数字)表示,反映轴承的结构、公差、游隙及材料的特殊要求等,置于基本代号右边。

(1)内部结构代号。内部结构代号反映同一类轴承的不同内部结构。例如:C、AC、B 分别代表角接触球轴承的接触角 $\alpha = 15°$、$\alpha = 25°$、$\alpha = 40°$。

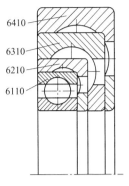

图 3-118 轴承的尺寸系列对比

轴承的内径尺寸系列代号 表 3-11

内径代号	轴承公称内径(mm)	内径代号	轴承公称内径(mm)
00	10	03	17
01	12	04~99	数字×5
02	15		

注:1. 内径尺寸小于 10mm 和大于 495mm 的轴承的内径尺寸另有规定。
2. 轴承内径为 22mm、28mm、32mm 除外。

(2)轴承的公差等级。轴承的公差等级共分为 6 个精度等级,其代号顺序为/P0、/P6、/P6x、/P5、/P4 和/P2,其中/P0 为普通级,标注时可省略,其余各级精度依次提高,/P2 精度等级最高。

(3)轴承游隙。轴承游隙是指滚动轴承内部内、外圈与滚动体之间留有的相对位移量,共分为 6 个组,其代号分别用 C1、C2、C0、C3、C4、C5 表示,也表示游隙量依次从小到大,C0 为常用的基本组游隙,标注时可省略。

【例 3-4】 说明轴承代号 7312AC/P62 的含义。

答:①7——角接触球轴承(表 3-9)。

②3——中窄系列(表 3-10,其中宽度系列为 0,省略不标)。

③12——轴承内径 $d = 12 \times 5 = 60(mm)$(表 3-11)。

④AC——接触角 $\alpha = 25°$。

⑤/P6——轴承的公差等级为 6 级公差。

⑥2——第 2 组游隙 C2(当游隙与公差同时表示时,符号 C 可以省略)。

4. 滚动轴承的润滑与密封

要延长轴承的使用寿命和保持旋转精度,在使用中应及时对轴承进行维护,采用合理的润滑,并经常检查润滑状况。

滚动轴承的密封主要起防尘、防杂质进入,也防止内部润滑剂泄漏的作用。常用的密封装置有接触式与非接触式两类。接触式密封装置常采用毛毡圈密封与密封圈密封,非接触式密封装置有间隙密封与迷宫式密封,如图 3-119 所示。

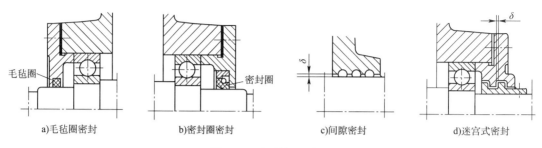

a) 毛毡圈密封　　b) 密封圈密封　　c) 间隙密封　　d) 迷宫式密封

图 3-119　滚动轴承的密封

5. 滚动轴承与周围零件之间的关系

轴承在机器中能正常工作，除合理选择轴承类型、尺寸外，还要解决轴承在轴上轴向位置固定、轴承与其他零件的配合、间隙调整、装拆与润滑等问题。

轴承在轴上的固定，有两种形式。

1) 两端固定

如图 3-120a) 所示，轴上两个支点中每个支点都能限制轴的单向移动，两个支点合起来就限制了轴的双向移动。这种固定适用于工作温度变化不大的短轴，考虑到轴受热伸长，在轴承盖与轴承外圈端面之间留出热补偿间隙 c，$c = 0.2 \sim 0.3$ mm，如图 3-120b) 所示。

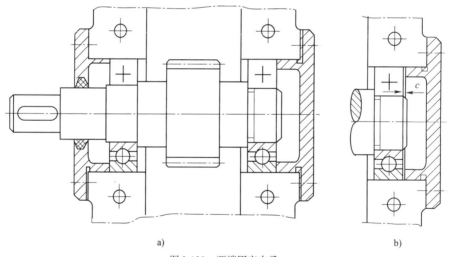

图 3-120　两端固定支承

2) 一端固定、一端游动

如图 3-121a) 所示，有一个支点双向固定以承受轴向力，另一个支点可做轴向游动而不承受轴向力。这种固定适用于工作温度变化较大的长轴。

3) 滚动轴承的拆装

轴承的内圈与轴颈配合较紧，对于小尺寸的轴承，一般采用压力直接将轴承的内圈压入轴颈。对于尺寸较大的轴承，可先将轴承放在温度为 80~100℃ 的热油中加热，使内孔胀大，然后用压力机装在轴颈上。拆卸轴承时应使用专用工具，如图 3-122 所示。为便于拆卸，设计时轴肩高度不能大于轴承内圈高度。

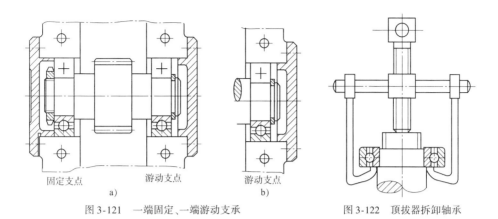

图 3-121 一端固定、一端游动支承　　　　图 3-122 顶拔器拆卸轴承

 任务实施

一、任务准备

1. 组织方式

(1) 场地设施:智慧教室。

(2) 工具:纸、笔、工作页。

(3) 实施方式:将学生 6~8 人分为一组进行分组讨论。每组派出代表进行汇报,教师指导点评。

2. 操作要求

(1) 指导教师严格限制讨论时间,小组分工要明确。

(2) 分析和表述问题逻辑清晰。

(3) 遵守秩序,注意安全。

二、操作步骤

(1) 将汽缸体倒置在工作台上,拆下曲轴主轴承盖紧固螺栓,从两端到中间逐步拧松,取下主轴承盖。各缸主轴承盖有装配标记,不同缸的主轴承盖及轴瓦不能互相调换。注意曲轴推力轴承的定位及开口的安装方向(图3-123)。

(2) 观察曲轴主轴承轴瓦油孔,区分上下轴瓦(图3-124)。

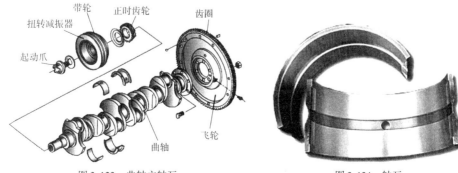

图 3-123 曲轴主轴瓦　　　　图 3-124 轴瓦

(3)检查主轴颈、主轴承麻点与划痕(图3-125)。

图3-125 主轴颈、主轴承

(4)在曲轴箱轴承座上正确安装曲轴轴瓦(图3-126)。

图3-126 安装曲轴轴瓦

三、任务测评

任务测评表见表3-12。

表3-12 任务测评表

班级		姓名		日期		自评	互评	教师
1.能正确解答基础知识								
2.能正确拆装轴瓦								
3.检查主轴颈、主轴承麻点与划痕								
4.在完成任务时,按照操作规程做到安全文明								
个人总结								
总体评价					教师签名			

任务小结

(1)轴的分类:

①按轴的承受载荷情况,分为转轴、传动轴和心轴。

②按轴的轴线形状,分为曲轴、挠性轴、直轴。

③按外形,分为实心轴、空心轴、光轴、阶梯轴。

(2)轴上各零件要可靠地相互连接可分为轴向固定、周向固定。

(3)轴承的功能是支承轴与轴上零件,保证轴的旋转精度,减少转轴与支承之间的摩擦。根据轴承工作时的摩擦性质可分为滑动轴承与滚动轴承两类。

(4)滚动轴承一般由外圈、内圈、滚动体和保持架组成。

(5)轴承在机器中能正常工作,除合理选择轴承类型、尺寸外,还要解决轴承在轴上轴向位置固定、轴承与其他零件的配合、间隙调整、装拆与润滑等问题。

习题

一、判断题

1. 用轴肩和轴环固定轴上零件,结构简单,可承受较大轴向力。（　　）
2. 滚动轴承价格便宜的原因是标准化,由专业工厂大批量生产。（　　）
3. 安装滚动轴承处的定位轴肩或轴环高度必须高于轴承内圈端面高度。（　　）
4. 车轮轴承失效,会引起车辆失控,进而造成汽车损毁的机械事故。（　　）
5. 汽车机械故障多缘于润滑不良摩擦片磨损和轴承损坏。（　　）
6. 在汽车维修中,拆装轴承一般都采用与锤垫铜棒敲击的方法。（　　）
7. 当用45号钢做轴刚度不够时,可用合金钢代替。（　　）
8. 滑动轴承主要用于转速和载荷不大、精度要求不高的场合。（　　）

二、选择题

1. 汽车手动变速器的输入轴属于(　　)。
    A. 转轴　　　　　B. 心轴　　　　　C. 传动轴　　　　　D. 软轴
2. 汽车的转向盘轴属于(　　)。
    A. 转轴　　　　　B. 心轴　　　　　C. 传动轴　　　　　D. 软轴
3. 增大轴在截面变化处的过渡圆角半径,可以(　　)。
    A. 使零件的轴向定位比较可靠　　　B. 降低应力集中,提高轴的疲劳强度
    C. 使轴的加工方便　　　　　　　　D. 使轴较为美观
4. 有的轴在工作中是不转的,该轴一般是(　　)。
    A. 转轴　　　　　B. 心轴　　　　　C. 传动轴　　　　　D. 软轴
5. 发动机曲轴须用滑动轴承支座,是因为滑动轴承(　　)。
    A. 转速特别高,受冲击很大　　　　B. 装配工艺要求轴承剖分
    C. 径向尺寸较小　　　　　　　　　D. 起动阻力矩大
6. 滚动轴承与滑动轴承的性能差别并非(　　)的差别。
    A. 点线接触与面接触　　　　　　　B. 有滚动体与无滚动体
    C. 一般润滑方式与专门润滑系统　　D. 径向受力与轴向受力
7. 轴肩或轴环的用途是(　　)。
    A. 作为轴加工时的定位面　　　　　B. 提高轴的强度和刚度
    C. 使轴上零件获得轴向定位　　　　D. 使轴上零件获得周向定位
8. 直齿圆柱齿轮减速器,当载荷平稳、转速较高时,应选用(　　)轴承。
    A. 滚针轴承　　　　　　　　　　　B. 推力球轴承

C. 角接触轴承　　　　　　　　D. 深沟球轴承

三、简答题

1. 设计轴的结构时,要满足哪些要求？

2. 提高轴的强度的常用措施有哪些？

3. 滑动轴承的优点有哪些？滚动轴承的优点有哪些？

4. 选择滚动轴承类型时所应考虑的主要因素有哪些？

5. 滚动轴承的基本类型有哪些？

学习任务6　认知标准连接件

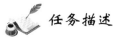

生活中随处可见各种各样的螺钉、螺栓、螺柱,六角的、内六角的、平头的、圆头的、圆柱头的、一字的、十字的,各种各样,应接不暇。那螺钉到底是干什么的呢？在大机器里起到什么作用呢？螺纹连接、键连接、销连接,各有什么样的特点？各自应用于什么场合呢？

1. 能描述螺纹及螺纹连接的类型、结构、预紧和防松。
2. 能说明键、销连接的类型。
3. 能自觉弘扬劳动精神、奋斗精神、奉献精神。

建议学时:4 学时。

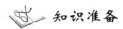

一、螺纹连接

螺纹的主要参数

1. 螺纹的形成

将一直角三角形绕在直径为 d_2 的圆柱表面上,使三角形底边 ab 与圆柱体的底边重合,则三角形的斜边在圆柱体表面形成一条螺旋线。三角形的斜边与底边的夹角 λ,称为螺旋线升角。若取一平面图形,使其平面始终通过圆柱体的轴线并沿着螺旋线(图 3-127)运动,则这平面图形在空间上形成一个螺旋形体,称为螺纹。

2. 螺纹的主要参数

要区分不同的螺纹,就要掌握说明螺纹特点的一些参数。以广泛应用的圆柱普通螺纹为例,如图 3-128 所示,螺纹的主要参数如下。

(1) 大径 $d(D)$——螺纹的最大直径,即与外螺纹牙顶或内螺纹牙底相重合的假想圆柱的直径。标准中定为螺纹的公称直径。

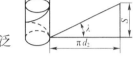
图 3-127 螺旋线

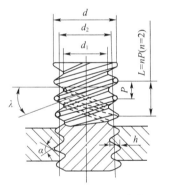
图 3-128 螺纹的主要参数

(2) 小径(内径) $d_1(D_1)$——螺纹的最小直径,即与外螺纹牙底或内螺纹牙顶相重合的假想圆柱的直径。在强度计算中,小径常作为螺杆危险截面的计算直径。

(3) 中径 d_2——在轴向剖面内牙厚与牙间宽相等处的假想圆柱面的直径,近似等于螺纹的平均直径 $d_2 \approx 0.5(d+d_1)$。

(4) 螺距 P——相邻螺牙在中径线上对应两点间的轴向距离称为螺距 P。

(5) 导程(S)——同一螺纹线上的相邻牙在中径线上对应两点间轴向距离。

(6) 线数 n——螺纹螺旋线数目,一般为便于制造 $n \leq 4$;螺距、导程、线数之间关系:

$$L = nP \tag{3-14}$$

(7) 螺旋升角 λ——在中径圆柱面上螺旋线的切线与垂直于螺旋线轴线的平面的夹角。

(8) 牙型角 α——螺纹轴向平面内螺纹牙型两侧边的夹角。

(9) 牙型斜角 β——螺纹牙型的侧边与螺纹轴线的垂直平面的夹角。对称牙型 $\beta = \dfrac{\alpha}{2}$。

直径与螺距、粗牙普通螺纹公称尺寸见表 3-13。

直径与螺距、粗牙普通螺纹公称尺寸(单位:mm)　　表 3-13

公称直径	粗牙			细牙
(大径)	螺距 P	中径 D_2、d_2	小径 D_1、d_1	螺距 P
3	0.5	2.675	2.459	0.35
4	0.7	3.545	3.242	0.5

续上表

公称直径（大径）	粗牙			细牙
	螺距 P	中径 D_2、d_2	小径 D_1、d_1	螺距 P
5	0.8	4.480	4.134	0.5
6	1	5.350	4.918	0.75
8	1.25	7.188	6.647	1,0.75
10	1.5	9.026	8.376	1.25,1,0.75
12	1.75	10.863	10.106	1.5,1.25,1
14	2	12.701	11.835	1.5,1.25,1
16	2	14.701	13.835	1.5,1
18	2.5	16.376	15.294	2,1.5,1
20	2.5	18.376	17.294	
22	2.5	20.376	19.294	
24	3	22.051	20.752	
27	3	22.051	23.752	
30	3.5	27.727	26.211	3,2,1.5,1

3. 受拉螺栓连接的强度计算

1) 只受工作载荷的螺栓强度计算

这种连接装配时不拧紧，螺栓只有在工作时才受拉力 F 作用，因此又称为松螺栓连接。忽略零件的自重，螺栓的强度条件为：

$$\sigma = \frac{F}{\frac{\pi d_1^2}{4}} \leq [\sigma] \tag{3-15}$$

式中：F——轴向工作载荷，N；

d_1——螺纹小径，mm；

σ——螺栓的工作拉应力，MPa；

$[\sigma]$——螺栓许用拉应力，MPa。

2) 只受预紧力的螺栓强度计算

受拉力的螺栓连接在装配时必须拧紧，因此在承受工作载荷之前，螺栓就受到一定的预紧力（轴向拉力）。

$$\begin{cases} F' = \dfrac{KF_s}{\mu m} \\ \sigma_v = \dfrac{1.3F'}{\dfrac{\pi d_1^2}{4}} \leq [\sigma] \end{cases} \tag{3-16}$$

式中：F'——预紧力，N；

F_s——横向工作载荷,N;

μ——被连接件接合面间的摩擦因数;

m——被连接件接合目数目;

K——考虑摩擦力的可靠性系数,$K = 1.1 \sim 1.3$。

3) 既受预紧力又受轴向工作载荷的螺栓强度计算

由于螺栓的伸长使连接有所放松,被连接件的压缩量减小,所压力由 F' 减至 F'',F'' 称为剩余预紧力。螺栓所受总拉力为剩余预紧力 F'' 与工作载荷 F 之和,即:

$$F_0 = F'' + F \tag{3-17}$$

考虑到螺栓连接在承受工作载荷的状态下可能需要补充拧紧,此时螺栓在承受总拉力 F_0 的同时还受拧紧力矩的作用,即:

$$\sigma_v = \frac{1.3 F_0}{\frac{\pi d_1^2}{4}} \leqslant [\sigma] \tag{3-18}$$

【例 3-5】 如图 3-129 所示,已知载荷 $F_a = 25 \text{kN}$,吊钩材料为 35 钢,许用拉应力 $[\sigma] = 60 \text{MPa}$,试求吊钩尾部螺纹直径。

解: 由式 $\dfrac{F}{\pi d^2/4} = [\sigma]$ 得螺纹小径:

$$d_1 = \sqrt{\frac{4F_a}{\pi[\sigma]}} = \sqrt{\frac{4 \times 25 \times 10^3}{60\pi}} = 23.033(\text{mm})$$

$D = 27\text{mm}$ 时,$d_1 = 23.752\text{mm}$,比根据强度计算求得的 d_1 值略大,合宜。故吊钩尾部螺纹可采用 M27。

4. 标准螺纹连接件

螺纹连接件品种很多,大都已标准化。常用的标准螺纹连接件有螺栓、螺钉、双头螺柱、紧定螺钉、螺母和垫圈,如图 3-130 ~ 图 3-132 所示。

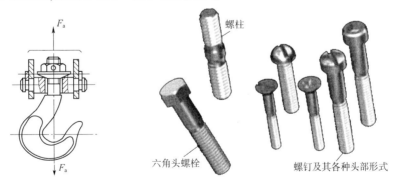

图 3-129 起重吊钩　　图 3-130 螺栓、螺柱、螺钉连接件

1) 螺栓、螺柱、螺钉连接件

按头部形状分,有外六角圆柱头、内六角圆柱头、十/一字槽半圆头、十/一字槽沉头。

2) 紧定螺钉、螺母

紧定螺钉又称定位螺钉,是一种专供固定机械件相对位置用的螺钉。使用时,把紧定螺钉旋入待固定机械件的螺孔中,把螺钉的末端紧压在另一机械件的表面上。开槽和内六角紧定螺钉用于钉头不允许外露的机件上,方头紧定螺钉适用于钉头允许外露的机件上。

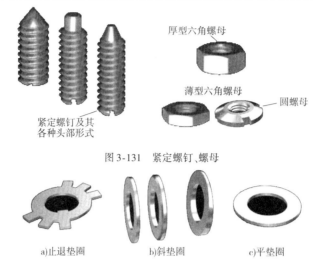

图 3-131　紧定螺钉、螺母

图 3-132　垫圈

螺母的形状有六角形、圆形和方形等,其中六角螺母应用最普遍。

3)垫圈

常用的有平垫圈和弹簧垫圈。

5. 螺纹的分类

1)按螺纹牙形分类

(1)三角形螺纹。三角形螺纹牙型角大,自锁性能好,而且牙根厚、强度高,故多用于连接。常用的有普通螺纹、英制螺纹。

①普通螺纹。牙型角 $\alpha=60°$ 的三角形米制螺纹称为普通螺纹。一般分为粗牙螺纹和细牙螺纹,粗牙螺纹应用最广。细牙螺纹适用于薄壁零件、受动载荷的连接和微调机构的调整,如图 3-133 所示。

②英制螺纹。牙型角 $\alpha=55°$,以英寸为单位,螺距以每英寸的牙数表示,也有粗牙、细牙之分。英制螺纹主要是英国、美国等国家使用,如图 3-134 所示。

(2)圆柱管螺纹。牙型角 $\alpha=55°$,牙顶呈圆弧形,旋合螺纹间无径向间隙,紧密性好,广泛用于水、煤气、润滑等管路系统连接中,如图 3-135 所示。

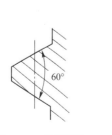 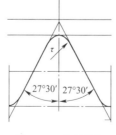 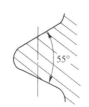

图 3-133　普通螺纹　　图 3-134　英制螺纹　　图 3-135　圆柱管螺纹

(3)矩形螺纹。牙型为正方形,牙型角 α = 0°,传动效率较高,牙根强度较低,精加工较困难,因此这种螺纹已较少采用,如图3-136所示。

(4)梯形螺纹。牙型为等腰梯形,牙型角 α = 30°,效率比矩形螺纹低,但易于加工,对中性好,牙根强度较高,广泛应用于机床设备的螺旋传动中,如图3-137所示。

(5)锯齿形螺纹。锯齿形螺纹工作面的牙侧角为3°,非工作面的牙侧角为30°,具有效率高和牙根强度高的优点,适用于单向承载的螺旋传动。锯齿形螺纹牙强度高,用于单向受力的传力螺旋;如螺旋压力机、千斤顶等,如图3-138所示。

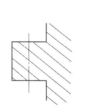 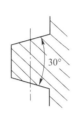 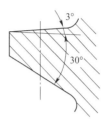

图3-136　矩形螺纹　　　图3-137　梯形螺纹　　　图3-138　锯齿形螺纹

2)按螺旋线的方向

(1)右旋螺纹。将螺纹直立时螺旋线向右上升为右旋螺纹。机械制造中一般采用右旋螺纹,如图3-139所示。

(2)左旋螺纹。将螺纹直立时螺旋线向左上升为左旋螺纹。有特殊要求时,才采用左旋螺纹,如图3-140所示。

3)按螺旋线的线数

(1)单线螺纹。在圆柱体上沿一条螺旋线切制的螺纹,主要用于连接,如图3-141所示。

(2)多线螺纹。两条或两条以上在轴向等距分布的螺旋线所形成的螺纹,主要用于螺旋传动,如图3-141所示。

a)单线螺纹　b)多线螺纹

图3-139　右旋螺纹　　　图3-140　左旋螺纹　　　图3-141　螺旋线的线数

4)按螺旋线形成的表面

(1)内螺纹。在圆柱内表面上形成的螺纹,如图3-142所示。

(2)外螺纹。在圆柱外表面上形成的螺纹,如图3-143所示。

图 3-142 内螺纹

图 3-143 外螺纹

6. 螺纹连接的主要类型

连接就是将两个或两个以上的零部件连成一体的结构。允许多次装拆而不失效的连接称为可拆卸连接,螺纹连接、键连接、销连接属于可拆卸连接。

1) 螺纹连接的类型与结构

螺纹连接是一种结构简单、拆装方便、连接可靠、成本低廉的可拆卸连接,所以应用广泛。螺纹连接的基本类型有螺栓连接、双头螺柱连接、螺钉连接和紧定螺钉连接。

(1) 螺栓连接。螺栓连接是将螺栓穿过被连接件的通孔后拧紧螺母,将被连接件连接起来,主要适用于被连接件不太厚的零部件。螺栓连接可分为以下两种类型。

① 普通螺栓连接。如图 3-144a) 所示,螺栓与孔之间有间隙,孔的加工精度要求低,这种连接装拆方便,成本低,应用最广泛。

② 铰制孔用螺栓连接。如图 3-144b) 所示,孔由高精度铰刀加工而成,螺栓与孔具有同一公称尺寸,常采用过渡配合,这种连接能承受垂直于螺栓轴线方向的横向载荷,并起定位作用。

(2) 双头螺柱连接。双头螺柱连接如图 3-145 所示,螺柱两头都制有螺纹,一头旋入较厚的连接件中,一头穿过被另一连接件的通孔与螺母配合,这种连接适用于被连接件之一较厚难以穿孔并经常拆装的场合,拆卸时,只需拧下螺母。

a) 普通螺栓连接　　b) 铰制孔螺栓连接

图 3-144 螺栓连接　　　　图 3-145 双头螺柱连接

(3) 螺钉连接。螺钉连接如图 3-146 所示,在螺纹连接中只有螺钉,不需用螺母,直接拧入被连接件体内的螺纹孔中,结构简单,但不宜经常拆装,以免损坏孔内螺纹。

(4) 紧定螺钉连接。将紧定螺钉拧入一零件的螺纹孔中,其末端顶住另一零件的表面,如图 3-147 所示,常用以固定两零件间的位置,只能传递较小的力或扭矩。

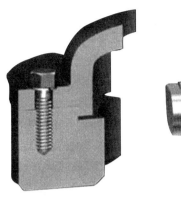
图3-146 螺钉连接
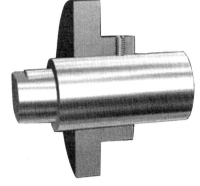
图3-147 紧定螺钉连接

2) 螺纹连接的预紧

螺纹连接在装配时一般都必须拧紧,其目的是防止连接在工作时松动。这时螺纹连接就受到预紧力的作用,对于重要的螺纹连接,应控制其预紧力,预紧力的大小对螺纹连接的可靠性、强度和密封性均有很大影响。

通常拧紧力矩 $T(N \cdot m)$ 和螺栓轴向预紧力 $F_0(N)$ 之间的关系为:

$$T = 0.2F_0d \tag{3-19}$$

式中:d——螺纹大径,mm。

预紧力 F_0 的值是由螺纹连接的要求来决定的。对有要求的螺纹连接,在工作中必须要控制预紧力大小,预紧力过大会导致螺钉损坏,预紧力过小又会使连接件易于松动,工作不可靠。通常螺纹连接拧紧的程度是凭操作者经验来决定的,重要的螺纹连接应按计算值控制拧紧力矩。

可用图3-148所示测力矩扳手或定力矩扳手获得所要求拧紧力矩。

a)测力矩扳手   b)定力矩扳手

图3-148 测力矩扳手或定力矩扳手

定力矩扳手使用实例如下。

对发动机的汽缸体与汽缸盖的螺纹连接,不论是拆卸还是安装都有严格的工艺流程规定。桑塔纳发动机汽缸盖的安装要求如下:

(1)在确保汽缸盖与汽缸盖螺栓都已清洁的情况下,用定力矩扳手,拧紧螺栓由外向内按对角线顺序依次进行。

(2)拧紧螺栓的过程分四次,第一次拧紧力矩为40N·m,第二次拧紧力矩为60N·m,第三次拧紧力矩为75N·m,最后每个螺母转90°。

3)螺纹连接的防松

螺纹连接一般具有自锁性,此外螺母及螺栓头部的支撑面上的摩擦力也有防松作用,故拧紧后一般不会松脱。但在冲击、振动或变载荷作用下,以及在高温或温度变化较大时,螺纹之间的摩擦力会瞬时减小或消失,连接就可能松动。连接一旦松脱,轻者会影响机器的正常运转,重者会造成重大事故。

为了保证螺纹连接可靠,必须采取有效的防松措施。螺纹连接防松的原理就是通过防止螺纹副的相对转动来达到防松的目的。防松的方法很多,常用的防松方法有以下几类。

(1)摩擦力防松。可采用图3-149所示的弹簧垫圈、双螺母、弹性锁紧螺母等方法增大摩擦力。

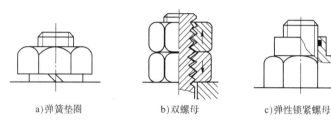

a)弹簧垫圈　　b)双螺母　　c)弹性锁紧螺母

图3-149　摩擦力防松

(2)机械防松。可采用图3-150所示的开槽螺母与开口销、圆螺母与止动垫圈、止动垫片方法、串连钢丝方法。

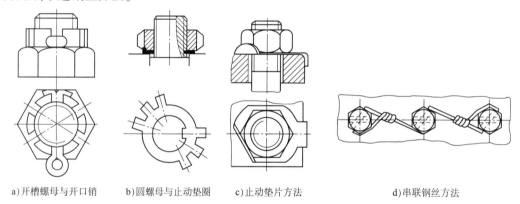

a)开槽螺母与开口销　　b)圆螺母与止动垫圈　　c)止动垫片方法　　d)串联钢丝方法

图3-150　机械防松

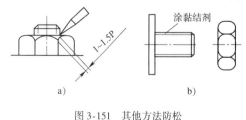

图3-151　其他方法防松

(3)其他方法防松。采用如图3-151a)所示的方法,利用冲头在螺栓末端处与螺母旋合缝处打冲,破坏螺纹副关系,方法防止螺纹松动。采用图3-151b)所示的方法,用螺纹胶涂于螺纹旋合表面,拧紧螺母黏结剂自行固化,防松效果良好。还可以采用点焊的方法永久防止螺纹连接松动。

二、键连接

键主要用来连接轴上零件并对轴上零件起周向固定以传递转矩,有的键还能实现轴上零件的轴向固定和轴向移动导向。

键是标准件,分为平键、半圆键、花键、切向键和楔键等,应用时主要根据各类键的结构与特点进行选用。

1. 平键连接

(1)普通平键。如图3-152所示,平键的两侧面是工作面,上表面与轮毂槽底之间留有间隙。普通平键的端部形状可制成圆头(A型)、方头(B型)或单圆头(C型)。

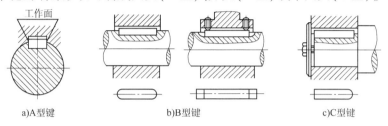

图3-152 普通平键连接的结构和类型

普通平键应用最广,这种键定心性较好、装拆方便。其中圆头平键的轴槽用立铣刀加工,键在槽中固定良好,但轴上键槽端部的应力集中较大。方头键用盘形铣刀加工,轴的应力集中较小。单圆头键常用于轴端。

(2)导向平键连接。如图3-153所示,导向平键一般较长,用螺钉固定在轴上,工作时键对轴上移动的零件起导向作用,键与键槽是间隙配合,轴上零件可以在轴上移动。如图3-154所示,导向平键的端部形状有圆头(A型)、方头(B型)两种,为了拆卸方便,在键的中部有一起键螺孔,以便拧入螺钉使键退出键槽。导向平键常应用于零件在轴上经常有相对移动且移动量不大的场合。

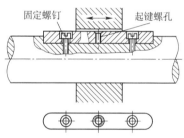

图3-153 导向平键连接的结构

(3)滑键连接。在零件在轴上经常有相对移动且移动量较大的场合,宜采用图3-155所示的滑键连接。滑键固定在轮毂上,与轮毂一起在轴上的键槽中做轴向滑移。

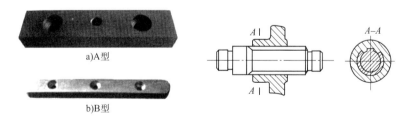

图3-154 导向平键   图3-155 滑键连接

2. 半圆键连接

半圆键与平键一样,也是以两侧面为工作面来传递转矩。由于其侧面为半圆形,因而半圆键能在轴槽中摆动,以适应轮毂槽底面的倾斜。平圆键装配方便,定心性好,但因键槽较深,对轴的强度削弱较大,故仅适用于轻载或位于轴端特别是锥形轴端的连接,如图3-156所示。

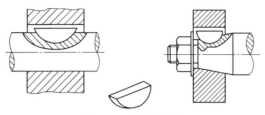

图 3-156　半圆键连接

3. 花键连接

图 3-157 所示为花键连接,在轴上加工出多个键齿称为外花键,在轮毂孔上加工出多个键槽称为内花键,由内、外花键构成的连接称为花键连接。花键齿的侧面是工作面。

花键

由于是多齿传递载荷,所以花键连接与平键连接比较,花键连接具有承载能力高、对轴削弱程度小(齿浅、应力集中小)、定心好和导向性能好等优点。其缺点是制造比较复杂,成本高。花键连接适用于定心精度要求高、载荷大或经常滑移的连接,在汽车变速器中得到应用。花键连接按其齿形不同,可分为一般常用的矩形花键和强度高的渐开线花键。

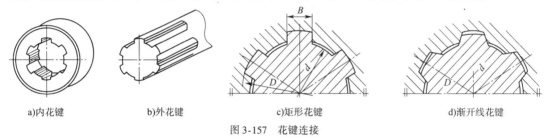

a)内花键　　b)外花键　　c)矩形花键　　d)渐开线花键

图 3-157　花键连接

三、销连接

销的主要用途是固定零件之间的相互位置,并可传递不大的载荷。销的基本形式为圆柱销和圆锥销,如图 3-158 所示。圆柱销经过多次装拆,其定位精度会降低。圆锥销有 1:50 的锥度,安装比圆柱销方便,多次装拆对定位精度的影响也较小。销还有许多特殊形式。

图 3-158c)所示是大端具有外螺纹的圆锥销,便于拆卸,可用于盲孔。图 3-158d)所示是小端带外螺纹的圆锥销,可用螺母锁紧,适用于有冲击的场合。图 3-158e)所示是带槽的圆柱销,销上有三条压制的纵向沟槽,这种类型的销打入销孔后产生变形,使得销与孔壁压紧,不易松脱,能承受振动和变载荷。使用这种销连接时,销孔不需要铰制,并可以多次装拆。

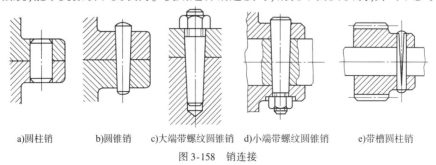

a)圆柱销　　b)圆锥销　　c)大端带螺纹圆锥销　　d)小端带螺纹圆锥销　　e)带槽圆柱销

图 3-158　销连接

任务实施

一、任务准备

1. 组织方式

（1）场地设施：智慧教室。

（2）工具：纸、笔、工作页。

（3）实施方式：将学生6~8人分为一组进行分组讨论。每组派出代表进行汇报，教师指导点评。

2. 操作要求

（1）指导教师严格限制讨论时间，小组分工要明确。

（2）分析和表述问题逻辑清晰。

（3）遵守秩序，注意安全。

二、操作步骤

（1）在教师指导下对减速器的大齿轮轴进行拆装（图3-159、图3-160）。

（2）学会键的拆装，认识键在轴系零件中的作用（图3-161）。

（3）掌握轴的结构、轴承的结构和组成等综合知识。

图3-159 一级减速器

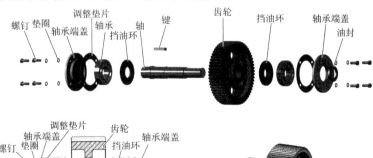

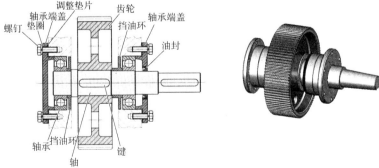

图3-160 减速器拆装示意图

图3-161 减速器大齿轮键

三、任务测评

任务测评表见表3-14。

任务测评表　　　　　　　　　　　　　　　表3-14

班级		姓名		日期		自评	互评	教师
1.能正确解答基础知识								
2.能正确对减速器的大齿轮轴进行拆装								
3.学会键的拆装,认识键在轴系零件中的作用								
4.在完成任务时,按照操作规程做到安全文明								
个人总结								
总体评价						教师签名		

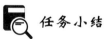 任务小结

(1)螺纹的主要参数有:大径、小径、中径、螺距、导程、线数、螺旋升角、牙型角等。

(2)螺纹连接件品种很多,大都已标准化。常用的标准螺纹连接件有螺栓、螺钉、双头螺柱、紧定螺钉、螺母和垫圈。

(3)螺纹的分类:①按螺纹牙形:三角形螺纹、圆柱管螺纹、矩形螺纹、梯形螺纹、锯齿形螺纹。

②按螺旋线的方向分为右旋螺纹、左旋螺纹。

③按螺旋线的线数分为单线螺纹、多线螺纹。

④按螺旋线形成的表面分为内螺纹、外螺纹。

(4)键主要用来连接轴上零件并对轴上零件起周向固定以传递转矩,有的键还能实现轴上零件的轴向固定和轴向移动导向。

(5)键的类型:键是标准件,分为平键、半圆键、楔键、切向键和花键等,应用时主要根据各类键的结构与特点进行选用。

(6)销连接:销连接的主要用途是固定零件之间的相互位置,并可传递不大的载荷。

习题

一、判断题

1. 螺纹旋向可垂直放置直接观察,对于内螺纹,左边高的为左旋。 ( )
2. 标明 17 的普通扳手用来拧动 M17 的螺栓或螺母。 ( )
3. 相配合的内外螺纹其旋向是相反的。 ( )
4. "M16"的螺栓,即为大径为 16mm 的螺栓。 ( )
5. 螺纹连接中,预紧是防松的有力措施。 ( )
6. 螺钉连接用于被连接件较厚的连接,且为不通孔。 ( )
7. 具有锥度的轴与轮毂宜用半圆键连接。 ( )
8. 键与花键不同,前者靠其两侧面传递转矩,后者则靠顶部工作。 ( )

二、选择题

1. ( )属于不可拆连接。
   A. 键、销连接　　　　　　　　　B. 花键连接
   C. 螺纹连接　　　　　　　　　　D. 铆钉连接

2. 常见的连接螺纹是( )。
   A. 单线左旋　　　　　　　　　　B. 单线右旋
   C. 双线左旋　　　　　　　　　　D. 双线右旋

3. 公称尺寸 M16 的单线粗牙螺纹螺距通常为( )。
   A. 3mm　　　　B. 2mm　　　　C. 1.5mm　　　　D. 1mm

4. 在螺纹连接中,采用弹簧垫圈防松属( )。
   A. 摩擦防松　　　B. 机械放松　　　C. 铆冲防松　　　D. 黏结防松

5. 关于花键,以下说法错误的是( )。
   A. 它不是连接件,是被连接件上的一种结构
   B. 它可看成是多个平键的组合,即可静连接也有动连接
   C. 它对轴与轮毂的强度削弱都比较小,对中性、导向性都比较好
   D. 它结构简单、拆装方便、制造容易

6. 销在连接中由多种功能,以下有误的是( )。
   A. 定位、止动功能　　　　　　　B. 传动、导向功能
   C. 安全功能　　　　　　　　　　D. 减振、缓冲功能

7. 发动机活塞销属于( )。
   A. 定位销　　　B. 传动销　　　C. 止动销　　　D. 导向销

8. 汽车转向传动机构中球头销属于( )。
   A. 定位销　　　B. 传动销　　　C. 止动销　　　D. 导向销

三、简答题

1. 什么是螺纹的预紧力?螺纹预紧的目的是什么?

2. 提高螺纹连接强度的措施有哪些?

3. 什么是可拆连接?

4. 键连接的主要类型有哪些?

5. 键的高度和宽度是怎么决定的?

6. 销按用途的不同可为哪几类?

项目四　简单液压传动回路的连接

 项目概述

世界第一摩天大楼是位于阿联酋的迪拜塔,高达828m,上海环球金融中心落成高度达到492m。楼高还在攀升中,其中液压技术在这些高楼的建筑过程中起到了非常重要的作用。

液压传动系统是现代汽车正常工作的保证。液压传动与机械传动、电气传动相比,有许多突出的优点,因此,它在汽车上的应用也越来越广泛。如液压助力转向装置、汽车液压制动系统、汽车液压悬架装置、自动变速器液压控制系统。

 知识目标

1. 知道液压传动系统的基本概念及组成特点。
2. 掌握液压泵的类型及职能符号及工作原理。
3. 掌握液压缸的类型及职能符号及工作原理。
4. 掌握方向、压力、流量控制阀的类型、职能符号和工作原理。

 技能目标

1. 能用方向控制阀搭建简单方向控制回路。
2. 能用压力控制阀搭建简单压力控制回路。
3. 能用流量控制阀搭建简单速度控制回路。
4. 能分析ABS等汽车液压部分的结构及工作过程。

素养目标

1. 牢记初心使命,弘扬勤俭节约精神。
2. 培养协同合作团队精神,自觉维护组织纪律。
3. 具备环保和绿色发展意识。
4. 遵守职业道德,实践操作安全文明。

学习任务1 认知液压传动基本原理

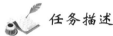
任务描述

我们有时在路上看到载货汽车的轮胎坏了,拆换时就在车下垫上一个千斤顶,如图 4-1 所示。随着撬杆的反复起落,车轮就渐渐离开地面,汽车便被顶了起来。千斤顶为什么能产生这样大的力量呢?这利用液压传动的什么原理呢?

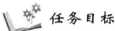
任务目标

1. 能描述压力和流量的定义。
2. 能说出液压传动的基本原理。
3. 能描述液压传动系统的组成和特点。

图 4-1 千斤顶

4. 能自觉弘扬劳动精神、奋斗精神、奉献精神。
建议学时:2 学时。

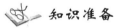
知识准备

一、液压传动基础知识

液压传动原理　液压传动计算

1. 液压传动

液压传动是以流体作为工作介质对能量进行传动和控制的一种传动形式。

2. 液体静压力

静止液体在单位面积上所受到的法向作用力称为静压力。静压力在液压传动中简称压力,在物理学中则称为压强。

液体静压力有两个重要特性:

(1)液体静压力垂直于承压面,其方向和该面的内法线方向一致。

(2)静止液体内任一点所受到的压力在各个方向上都相等。

3. 帕斯卡原理

在密闭的容器内施加于静止液体上的力,将等值传递到液体内各点,这就是帕斯卡原理,或称静压传递的基本原理(图 4-2)。

即:

$$P = \frac{F}{A_1} = \frac{G}{A_2} \quad (4-1)$$

式中:P——压强,Pa;
F——压力,N;

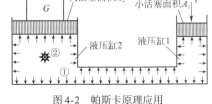

图 4-2 帕斯卡原理应用

A_1——小活塞受力面积，m^2；
A_2——大活塞受力面积，m^2；
G——重力，N。

4. 流量与平均流量

（1）流量 q。单位时间内流过某一截面的液体的体积称为流量，单位为 m^3/s。

（2）平均流速 v。单位时间内单位面积（A）上流过的液体体积（q），单位为 m/s。

$$v = \frac{q}{A} \tag{4-2}$$

5. 液体流动连续性原理

液体流动的连续性方程是质量守恒定律在流体力学中的应用。如图 4-3 所示，流体在密闭管道内恒定流动时，因液压不可压缩，那么，在单位时间内流过任意截面的质量相等。

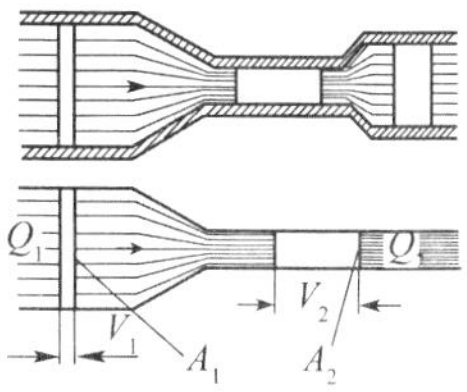

1) 液体流动的连续方程

$$q = Av = c \tag{4-3}$$

式中：q——流量；
A——横截面积；
v——平均流速；
c——常数。

图 4-3 流动连续性原理图

当流量一定时，截面上的平均速度与截面积成反比。即：运动速度取决于流量，而与流体的压力无关。

2) 液压传动的基本原理

以图 4-4 所示的液压千斤顶为例，说明液压传动的基本原理。

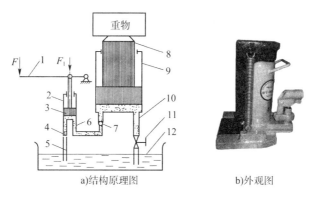

a) 结构原理图　　b) 外观图

图 4-4 液压千斤顶

1-手柄；2-油腔；3-小活塞；4、7-止回阀；5-吸油管；6、10-管道；8-大活塞；9-举升油缸；11-截止阀；12-油箱

（1）吸油过程。

提起手柄 1 使小活塞 3 向上移动，小活塞下端油腔容积增大，形成局部真空，这时止回阀 4 打开，止回阀 7 关闭，通过吸油管 5 从油箱 12 中吸油。

(2)压油过程。

用力压下手柄1,小活塞3下移,小活塞下腔的压强增高,止回阀4关闭,止回阀7打开,下腔的油液经管道6输入举升油缸9的下腔,迫使大活塞8向上移动,顶起重物。

再次提起手柄1吸油时,止回阀7自动关闭,使油液不能倒流,从而保证了重物不会自行下落。不断地往复扳动手柄,就能不断地把油液压入举升油缸的下腔,使重物逐渐地升起。工作结束时打开截止阀11,举升缸的下腔室的油液通过管道10、截止阀11流回油箱,重物就向下移动。大活塞在重物和自重作用下回到原始位置。

二、液压传动系统的基本组成

液压传动系统一般由五部分组成,即动力部分、执行部分、控制部分、辅助部分以及工作介质。液压传动系统组成部分的元件与功能见表4-1。

表4-1 液压传动系统组成部分的元件与功能

组成部分	元件	作用
动力部分	液压泵	将原动机提供的机械能转换成为液体的压力能,为系统提供动力
执行部分	液压缸 液压马达	将液体的压力能转换成为机械能,推动负载运动
控制部分	液压控制阀(方向阀、流量阀、压力阀)	控制液压系统中液体的流向、流量和压力,使系统所输出的运动方向、速度、力的大小适应工作需要
辅助部分	油箱、油管、滤油器、压力表、冷却器、分水滤水器、油雾器、消声器、管件、管接头和各种信号转换器等	创造必要条件,保证系统正常工作
工作介质	液压油	实现动力和运动的传递

三、液压传动的特点

液压传动与其他传动形式相比较,有以下特点。

液压传动的特点

1. 优点

(1)功率密度(即单位体积所具有的功率)大,结构紧凑,质量轻。
(2)能无级调速,调速范围大。
(3)由于液压元件质量小,惯性矩小,故变速性好。
(4)运动平稳可靠,能自行润滑,使用寿命较长。
(5)操纵方便、省力,特别是与电气组合应用时。
(6)液压元件易于实现标准化、系列化和通用化,有利于生产与设计。

2. 缺点

(1)易泄漏。

(2)当油温变化时,运动速度不稳定。
(3)液压元件制造精度高,使用维护比较严格。
(4)系统故障不易查明。

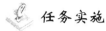 任务实施

一、任务准备

1. 组织方式

(1)场地设施:智慧教室。
(2)工具:纸、笔、工作页。
(3)实施方式:将学生6~8人分为一组进行分组讨论。每组派出代表进行汇报,教师指导点评。

2. 操作要求

(1)指导教师严格限制讨论时间,小组分工要明确。
(2)分析和表述问题逻辑清晰。
(3)遵守秩序,注意安全。

二、操作步骤

(1)描述日常生活中看见的液压传动的应用案例。
(2)描述帕斯卡定理的内容。
(3)简述液压传动与其他传动方式相比的优点。

三、任务测评

任务测评表见表4-2。

任务测评表　　　　　　　　　　　　　表4-2

班级		姓名		日期		自评	互评	教师
1.能正确解答基础知识								
2.描述操作步骤时思路清楚								
3.描述时,用词恰当,声音响亮								
个人总结								
总体评价						教师签名		

任务小结

（1）液压传动是利用具有压力的液体，经过一些机件的控制之后来传递运动和动力。液压传动是以流体作为工作介质对能量进行传动和控制的一种传动形式。

（2）液体静压力垂直于承压面，其方向和该面的内法线方向一致。

（3）在密闭的容器内施加于静止液体上的力，将等值传递到液体内各点。

（4）液压系统必须在辅助元件的配合下才能很好地完成传递作用。

（5）液压系统中液体的运动速度取决于流量，而与流体的压力无关。

习题

一、判断题

1. 在维修汽车液压制动系统时，要注意管道截面积变化，不使弯管半径变小。（　　）
2. 汽车路上堵车常发生在交叉路口或车道狭窄处的现象与液压系统局部压力损失现象类比有相似性。（　　）
3. 必须防止液压系统工作油液发热。（　　）
4. 在液压系统运行时，压力始终是额定压力。（　　）
5. 液压传动系统组成包括动力元件、执行元件、控制元件和工作介质。（　　）
6. 液压传动可在较大范围内实现无级调速。（　　）
7. 液压传动系统不宜远距离传动。（　　）
8. 液压传动的元件要求制造精度高。（　　）

二、选择题

1. 关于液压千斤顶顶起汽车，下列叙述不正确的是（　　）。
   A. 密封容器压力处处相等　　　　B. 作用力 = 压力×作用面积
   C. 这是力偶的应用　　　　　　　D. 液压压力方向垂直于承压表面

2. 汽车上液压制动轮缸属于（　　）。
   A. 动力元件　　　　　　　　　　B. 执行元件
   C. 控制元件　　　　　　　　　　D. 辅助元件

3. 汽车液压制动管路属于（　　）。
   A. 动力元件　　　　　　　　　　B. 执行元件
   C. 控制元件　　　　　　　　　　D. 辅助元件

4. 将发动机输入的机械能转换为液体的压力能的液压元件是（　　）。
   A. 液压泵　　　　B. 液压马达　　　　C. 液压缸　　　　D. 控制阀

5. 在汽车修理中，用汽缸压力表测量汽缸压力，其读数值为（　　）。
   A. 绝对压力　　　　　　　　　　B. 相对压力
   C. 大气压力 + 相对压力　　　　　D. 大气压力 - 绝对压

6. 液压传动的优点是（　　）。
   A. 比功率大　　　B. 传动效率低　　　C. 可定比传动　　　D. ABC 都对

7. 在密封容器中,施加于静止液体内任一点的压力能等值地传递到液体中的所有地方,这称为( )。
   A. 能量守恒原理   B. 动量守恒定律   C. 质量守恒原理   D. 帕斯卡原理

8. 在液压传动中,压力一般是指压强,在国际单位制中,它的单位是( )。
   A. Pa   B. N   C. W   D. N·m

三、简答题

1. 液压传动系统由哪些基本组成部分?各部分的作用是什么?

2. 什么是液压冲击?

四、计算题

在下图所示的简化液压千斤顶中,$T=294N$,大小活塞的面积分别为 $A_2=5\times10^{-3}m^2$, $A_1=1\times10^{-3}m^2$,忽略损失,试计算下列各题。

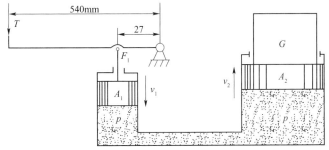

① 通过杠杆机构作用在小活塞上的力 F_1 及此时系统压力 p。

② 大活塞能顶起重物的重量 G。

③ 若需顶起的重物 $G=19600N$ 时,系统压力 p 又为多少?作用在小活塞上的力 F_1 应为多少?

学习任务2　简单方向控制回路的连接

认识汽车上的液压传动与装置，是保证安全行车、正确诊断和科学维修的重要依据。汽车的各种泵、制动系统、辅助设备都是液压传动。

1. 能描述液压泵、液压缸的作用以及工作原理，能画出图形符号。
2. 能描述常用的方向控制阀。
3. 能够搭建简单方向控制回路。
4. 能自觉弘扬劳动精神、奋斗精神、奉献精神。

建议学时：8学时。

一、各种液压泵、液压缸、方向控制阀的职能符号

汽车起重机是由液压系统的运动来完成的，液压系统是由液压元件——液压泵、液压缸、液压控制阀和液压附件等组成的，它们共同作用、协调配合，才实现了液压系统的各种功能。

下面分别分析和介绍各种元件的结构和工作原理。

1. 动力元件液压泵

1）液压泵

液压泵是液压系统的心脏，是将原动机的机械能转换为油液压力能的装置，为液压系统提供具有一定压力和流量的液体，属于动力元件（图4-5）。

液压泵是依靠密封容积变化的原理来进行工作的，故一般称为容积式液压泵。

图4-5　液压泵

（1）液压泵能够正常工作必须满足以下条件。
①液压泵要能够形成密封的工作容积。
②液压泵的密封性是周期变化的。
③液压泵的吸油、压油腔室必须是隔开的。
④油箱必须与大气相通。
（2）液压泵的主要工作参数。
①工作压力和额定压力。

工作压力：液压泵在实际工作时的输出压力称为工作压力。工作压力的大小取决于外负载（如管

的阻力、摩擦、外负载等)的影响,用 p 表示。

额定压力:液压泵在正常工作条件下,按照试验标准规定连续运转的最高压力,用 p_n 表示。当 $p > p_n$ 时,表示液压泵过载。

最高允许压力:在超过额定压力条件下,根据试验标准规定,允许液压泵短暂运行的最高压力值。最高允许压力用 p_{max} 表示,即:

$$p < p_n < p_{max} \tag{4-4}$$

②排量和流量。

排量 V:在没有泄漏的情况下,泵每转一周所排出的液体的体积。

实际流量 q:液压泵在工作时实际输出的流量。

额定流量(公称流量、铭牌流量)q_n:液压泵在正常工作条件下,按照试验标准规定必须保证的输出流量。

瞬时流量 q_m:泵在某一瞬时的流量。

③功率。

输入功率:泵轴的驱动功率。

输出功率:$P = pq$(p 指液压泵的工作压力,q 是指实际流量)。

(3)液压泵的分类。

①按照输出能量是否可以调节,可分为定量泵、变量泵。

②按照结构形式可以分为齿轮泵、叶片泵、柱塞泵。

③按照输油方向能否改变,可以分为单向泵、双向泵。

④按照使用压力,可以分为低压泵、中压泵、中高压泵和高压泵。

液压泵的分类

(4)液压泵的职能符号(图4-6)。

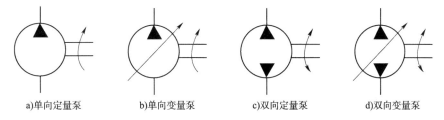

a)单向定量泵　　　b)单向变量泵　　　c)双向定量泵　　　d)双向变量泵

图4-6　液压泵的职能符号

2)齿轮泵

齿轮泵由于具有结构简单、体积小、质量轻、工艺性好、价格便宜、自吸能力强、对油液污染不敏感、制造方便及工作可靠等优点,在汽车上得到了广泛的应用,但其流量和压力脉动量大、噪声大、排量不可调。

齿轮泵按照齿轮的啮合形式可以分为外啮合式齿轮泵(图4-7a)和内啮合式齿轮泵(图4-7b)两种,外啮合式齿轮泵应用比较广泛,内啮合齿轮泵则多为辅助泵。

(1)外啮合式齿轮泵。外啮合式齿轮泵的工作原理如图4-8所示,其主要结构由泵体、一对啮合的齿轮、泵轴和前后泵盖等组成。

当液压泵的主动齿轮2按照箭头方向旋转时,齿轮泵右侧(吸油腔)齿轮脱开啮合,使密封容积增大,形成局部真空,油箱中的油液在外界大气压作用下,经过吸油管路、吸油腔而进入齿轮间隙。随着齿轮的旋转,吸入齿间的油液被带到另一侧,进入压油腔。这时轮齿进入啮合,使密封容积逐渐减小,齿轮之间部分的油液被挤出,形成了齿轮泵的压油过程。齿轮啮合时,齿间的接触线把吸油腔和压油腔分开,起到配油作用。

a) 外啮合式齿轮泵

b) 内啮合式齿轮泵

图 4-7　齿轮泵的结构

齿轮泵的分类

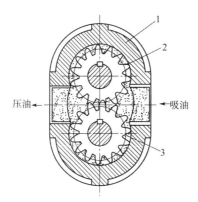
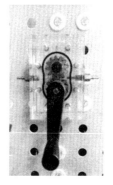

图 4-8　外啮合齿轮泵的工作原理
1-泵体;2、3-齿轮

外啮合齿轮泵的工作原理

(2) 内啮合式齿轮泵。内啮合齿轮泵分为渐开线齿形、摆线齿形两种。内啮合齿轮泵的结构紧凑,尺寸小、质量轻、运转平稳、噪声低,高速工作时有较高的工作效率。但是在低速高压下工作时,压力脉冲动大、容积效率低,故一般适用于中低压系统。在闭式液压系统中,常被用作补油泵。内啮合齿轮泵的缺点是齿形复杂、加工困难、价格较高。

①渐开线齿形内啮合齿轮泵。渐开线齿形内啮合齿轮泵是由小齿轮、内齿环、月牙形隔板等构成的,如图 4-9 所示。

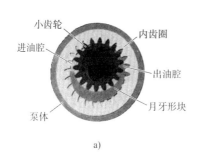
a)

b)

图 4-9　渐开线齿形内啮合齿轮泵

内啮合齿轮泵的工作原理

当发动机工作时,小齿轮随驱动轴一起转动,并带动内齿圈以相同的方向旋转。内外齿轮在转到进油口处时开始逐渐脱离啮合,并沿旋转方向两者形成的空间逐渐增大,产生一定的真空度,将机油从进油口吸入。随着齿轮的继续旋转,月牙块将内、外齿轮隔开,齿轮旋转时把齿间所存的机油带往出油口。在靠近出油口处,内、外齿轮空间逐渐减少,油压升高,机油从机油泵的出油口送往发动机油道中,内、外齿轮又重新啮合。

②摆线齿形内啮合齿轮泵。摆线齿形内啮合齿轮泵是由内外转子(内外转子相差一个齿,并且有一偏心距)构成的,如图4-10所示。

在内啮合齿轮泵中,内转子为主动轮,齿数为z_1,外转子为从动轮,其齿数为z_2。内外转子的速比为$i=z_2/z_1$,由于内外转子齿数相差一个齿,在啮合过程中有"二次啮合"存在。因此,能形成几个独立的包含油液的腔室。随着内外转子的啮合旋转,各包含油液腔室的容积发生不同

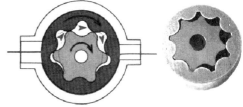

图4-10 摆线齿形内啮合齿轮泵

变化,当包含油液的腔室容积由小变大时,包含油液的腔室内产生局部真空,在大气压力作用下,液体通过齿轮泵的进口管路和齿轮泵盖上的环形槽,进入齿轮泵腔,开始吸入油,直至包含油液的腔室容积达到最大时,吸液过程结束。当包含油液的腔室内的容积由大变小时,包含油液的腔室内的油液从泵盖上的环形槽中压出,这是泵的排油过程。泵在工作过程中,内转子的一个轮齿转过一周,出现一个工作循环,即完成泵的吸油到排油过程。一个泵的内转子有z_1个轮齿,它每旋转一周,必然出现z_1个与上述相同的工作循环,齿轮泵便完成通过工作循环连续不断地向外输液,达到泵吸排的目的。

3) 叶片泵

叶片泵在机床、工程机械、船舶、压铸机冶金设备中应用很广,其优点是结构紧凑、体积小、质量轻、流量均匀、运转平稳、油压较高、噪声低等,缺点是对油液污染较敏感。

叶片泵有单作用和双作用两种,叶片泵旋转一周完成一次吸、排油的是单作用叶片泵;叶片泵转过一周完成两次吸、排油的是双作用式叶片泵。单作用式叶片泵又称为非卸荷式叶片泵或变量叶片泵,双作用式叶片泵又称卸荷式叶片泵或定量叶片泵。汽车上应用较多的是双作用叶片泵。

双作用叶片泵工作原理如下。图4-11所示为双作用叶片泵,它由定子、转子、叶片、配油盘、转动轴及壳体组成。定子与泵体固定在一起,叶片可以在转子的径向槽中灵活滑动,叶片槽的底部通过配油盘上的油槽(图中未标出来)与压油窗口相连。转子与定子中心重合,定子内表面由2段长半径圆弧、2段短半径圆弧和4段过渡曲线组成,近似椭圆柱形。建压后,叶片在离心力和根部压力油的作用下从槽中伸出而压在定子内表面。这样在两叶片之间、定子的内表面、转子的外表面和两侧配油盘间形成了一个个密封容积腔。当转子逆时针

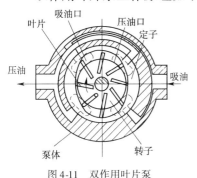

图4-11 双作用叶片泵

旋转时,密封容积腔的容积在经过渡曲线运动到大圆弧的过程中,叶片外伸,密封容积腔的容积增大,形成部分真空而吸入油液;转子继续转动,密封容积腔的容积从大圆弧经过渡曲线运动到小圆弧时,叶片被定子内壁逐渐压入槽内,密封容积腔的容积减小,将压力油从压油口压出。在吸、压油区之间有一段封油区,将吸、压油腔分开。因此,转子每转一周,每个密封容积吸油和压油各两次,故称为双作用叶片泵。另外,这种叶片泵的两个吸油腔和两个压油腔是径向对称的,作用在转子上的径向液压力相互平衡,因此该泵又称平衡式叶片泵或卸荷式叶片泵。

4)柱塞泵

柱塞泵是依靠柱塞在缸体内往复运动,使密封工作容积产生变化来实现吸油、压油。由于其主要构件柱塞与缸体的工作部分均为圆柱面,因此加工方便,配合精度高,密封性能好。同时柱塞泵的主要零件处于受压状态,使材料强度性能得到充分利用,故常将柱塞泵做成高压泵。由于只要改变柱塞的工作行程就能改变泵的排量,易于实现单向或双向变量,所以柱塞泵具有压力高、结构紧凑、效率高及流量调节方便等优点。其缺点是结构较为复杂,对有污染敏感,有些零件对材料及加工工艺的要求较高,因而在各类容积式泵中,柱塞泵的价格最高。柱塞泵常用于需要高压大流量和流量需要调节的液压系统中。

柱塞泵按照柱塞排列的方向不同,分为轴向柱塞泵和径向柱塞泵。图 4-12 所示是轴向柱塞泵,当缸体按照图 4-12 所示方向转动时,由于斜盘和压板的作用,迫使柱塞在缸体内做往复运动,使各柱塞与缸体间的密封容积进行增大或缩小变化,通过配油盘的吸油窗口和压油窗口进行吸油和压油。

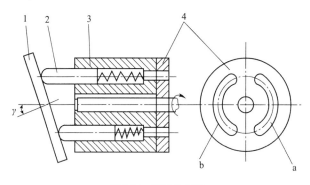

图 4-12　轴向柱塞泵
1—斜盘;2—柱塞;3—缸体;4—配油盘

柱塞泵的工作原理

5)液压泵的选用

液压泵是液压系统提供一定流量和压力油液的动力元件,是每个液压系统不可缺少的核心元件,合理地选择液压泵,对于降低液压系统的能耗、提高系统的效率、降低噪声、改善工作性能和保证系统的可靠工作都十分重要。

选择液压泵的原则是:根据主机工作情况、功率大小和系统对工作性能的要求,首先确定液压泵的类型,然后按照系统要求的压力、流量大小确定其具体规格型号。

一般来说,由于各类液压泵各自突出的特点,其结构、功用和运转方式各不相同,因此应该根据不同的使用场合选择合适的液压泵。一般在机床液压系统中,往往选用双作用叶片泵和限压式变量叶片泵;而在农业机械、港口机械以及小型工程机械中,往往选择抗污染能力较强的齿轮泵;在负荷大、功率大的场合往往选用柱塞泵。

2. 液压缸

液压缸也称油缸,是液压传动系统的执行元件之一,是将液压油的液压能转换为机械能而输出。液压缸输入的压力能表现为液体的流量和压力,输出的机械能表现为速度和力,它用来驱动工作机构实现直线运动或摆动。液压缸结构简单、工作可靠,可与杠杆、连杆、齿轮、齿条棘轮及凸轮等配合实现多种机械运动,是液压系统中应用最多的执行元件。

1) 液压缸的基本结构形式

液压缸按照结构形式可以分为活塞式、柱塞式和摆动式三类。

(1) 活塞式液压缸。

① 单杆活塞式液压缸。单杆活塞式液压缸如图4-13所示,它主要由缸体、活塞和柱塞组成。由于活塞一边有杆,另一边无杆,所以活塞两边的有效作用面积不等。当左腔室(无杆腔室)进入压力油,右腔(有杆腔)回油时,如图4-13a)所示,运动速度 v_1 和活塞推力 F_1 分别为:

$$\begin{cases} v_1 = \dfrac{q}{A_1} = \dfrac{4q}{\pi D^2} \\ F_1 = A_1 p = \dfrac{\pi}{4} D^2 p \end{cases} \quad (4\text{-}5)$$

式中:A_1——液压缸无杆油腔的有效面积;

p——进油压力;

q——进入液压缸的流量;

D——液压缸内径。

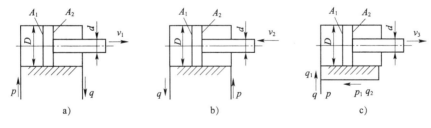

图4-13 单杆活塞式液压缸原理图

当右腔室进入压力油,左腔室回油(图4-13b)时,运动速度 v_2 和活塞推力 F_2 分别为:

$$\begin{cases} v_2 = \dfrac{q}{A_2} = \dfrac{4q}{\pi(D^2 - d^2)} \\ F_2 = A_2 p = \dfrac{\pi}{4}(D^2 - d^2)p \end{cases} \quad (4\text{-}6)$$

当压力油同时进入左、右两个腔室时,如图4-13c)所示,由于左腔推力大于右腔推力,活塞以一定的速度向右移动,此时,右腔室排出的油液与液压泵供给的油液汇合后进入左腔,实现活塞向右快速移动,这种方式称液压缸的差动连接,做差动连接的单杆活塞缸简称差动缸。

差动连接时,移动速度 v_3 和活塞的推力 F_3 分别为:

$$\begin{cases} v_3 = \dfrac{q}{A_1 - A_2} = \dfrac{q}{A_3} = \dfrac{4q}{\pi d^2} \\ F_3 = (A_1 - A_2)p = A_3 p = \dfrac{\pi}{4} d^2 p \end{cases} \quad (4\text{-}7)$$

单活塞杆液压缸常用于一个方向负载但是运行速度较低,另一个方向空载、快速退回运动的设备。差动液压缸常用于在需要实现"快进(差动连接)—工进(无杆腔进油)—快退(有杆腔进油)"工作循环的组合机床等设备的液压系统中。

② 双杆活塞式液压缸。图 4-14 所示为双杆活塞液压缸原理图,其活塞的两侧都有伸出杆。双作用活塞液压缸有缸体固定和活塞固定两种形式。

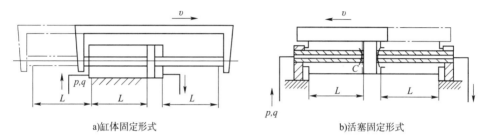

图 4-14 双杆活塞式液压缸原理图

它的特点是两腔室活塞面积相等。压力相同时,推力相等;流量相同时,速度相等,即具有等推力、等运动速度的特性。

因为双杆活塞式液压缸的两活塞直径相等,所以当输入流量和油液压力不变时,其往返运动速度和推力相等。其运动速度 v 和推力 F 分别为:

$$\begin{cases} v = \dfrac{q}{A} = \dfrac{4q}{\pi(D^2 - d^2)} \\ F = Ap = \dfrac{\pi}{4}(D^2 - d^2)(p_1 - p_2) \end{cases} \quad (4\text{-}8)$$

式中:p_1、p_2——缸的进、回油压力;

D、d——活塞直径和活塞杆直径;

q——输入流量;

A——活塞有效工作面积。

这种双作用活塞式液压缸常用于要求往返速度相同的场合。

(2) 柱塞式液压缸。柱塞式液压缸主要由缸筒、柱塞、导向套、密封圈和压盖等零件组成,如图 4-15a)所示。柱塞式液压缸活塞运动速度 v 和推力 F 分别为:

$$\begin{cases} v = \dfrac{q}{A} = \dfrac{4q}{\pi d^2} \\ F = Ap = \dfrac{\pi}{4} d^2 p \end{cases} \quad (4\text{-}9)$$

柱塞与缸筒内壁不接触,因此缸筒内孔不需要精加工,工艺性好,成本低。柱塞式液压缸是单作用式的,它的回程需要借助自重或弹簧等其他外力来完成。如果要获得双向运动,可以将两柱塞液压缸成对使用,如图 4-15b)所示。

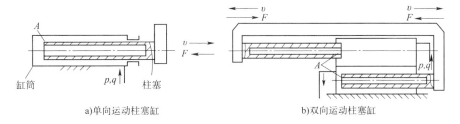

a)单向运动柱塞缸　　　　　　　　b)双向运动柱塞缸

图 4-15　柱塞式液压缸原理图

柱塞缸的柱塞端面是受压面,其面积大小决定了柱塞缸的输出速度和推力。为了保证柱塞有足够的推力和稳定性,一般柱塞较粗,质量较大,水平安装时容易产生单边磨损,故柱塞适用于垂直安装使用。为了减轻柱塞的质量,有时把柱塞制成空心柱塞。

柱塞式液压缸的结构简单,制造方便,常用于工作行程较长的场合,如大型拉床、矿用液压支架等。

2)液压缸结构

(1)液压缸的密封。液压缸的密封是指活塞、活塞杆、端盖等处的密封,用以防止油液的泄漏。常用的密封方法有间隙密封和用橡胶密封圈密封。

①间隙密封。间隙密封主要依靠相对运动零件配合面的微小间隙来防止泄漏。

②密封圈密封。密封圈密封是液压系统中应用最广泛的密封方式,密封圈常用耐用橡胶、尼龙制成,密封圈按其断面形状分为 O 形、Y 形和 V 形等。图 4-16 所示为常用橡胶密封圈。

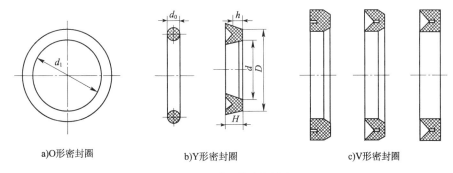

a)O形密封圈　　　　　b)Y形密封圈　　　　　c)V形密封圈

图 4-16　常用橡胶密封圈

(2)液压缸的缓冲。为了避免活塞在行程两端冲撞缸盖,产生噪声,影响工件精度以致损坏机件,常在液压缸两端设置各种缓冲装置,如图 4-17 所示。

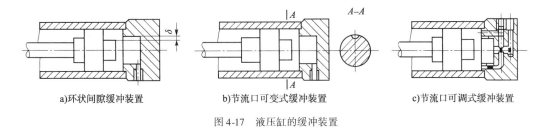

a)环状间隙缓冲装置　　　　b)节流口可变式缓冲装置　　　　c)节流口可调式缓冲装置

图 4-17　液压缸的缓冲装置

(3)液压缸的排气。如果液压缸中有空气或液压系统中的油液混有空气,将会严重影响液压缸工作的平稳性,因此,系统在工作前应该排除积留的空气。可在液压缸的最高端设置排气装置,如图4-18所示。对运动平稳性要求高的液压缸,在两端装有排气塞,工作前拧开排气塞,使活塞全行程空载往返几次,空气即可以排出。空气排净后,需要把排气塞拧紧后再进行工作。

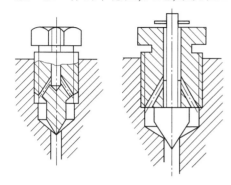

图4-18 液压缸的排气装置

3. 液压控制阀

1)液压控制阀的作用及类型

(1)液压控制阀的作用。液压控制阀(简称"液压阀")是通过控制和调节液压系统中液体的流动方向、压力和流量,以满足执行元件所需要的启动、停止、运动方向、力或力矩、速度或转速等动作顺序的变化,限制和调节液压系统的工作压力,防止过载等要求,从而使系统按照指定要求协调地工作。

液压阀主要由阀体、阀芯、驱动装置三大部分组成;利用阀芯与阀体的相对移动,改变开口大小或控制阀口的通断,从而控制液体的压力、流向和流量。从功能上来说,液压阀不能对外做功,只能用以满足执行元件的压力、速度和换向等要求。

(2)液压阀的性能要求。

①动作灵敏、准确,可靠平稳,冲击振动小。

②密封性能要好,油液流过时漏损少,压力损失小。

③结构紧凑,工艺性好,使用维护方便,通用性好。

(3)液压阀的分类。按照液压阀在液压回路中的用途,可以分为以下几种:方向控制阀(止回阀、换向阀、梭阀、比例方向阀等)、压力控制阀(溢流阀、顺序阀、卸荷阀、平衡阀、减压阀等)、流量控制阀(节流阀、调速阀、分流阀、集流阀、比例流量控制阀等)。

2)方向控制阀

方向控制阀是用来改变液压系统中各油路之间油液流动方向或液流通断(开关)的阀类,其原理是利用阀芯和阀体间的相对位置的改变,实现油路与油路间的接通或断开,以满足系统对液体流动方向的要求。方向控制阀如止回阀、换向阀等。

(1)止回阀。液压系统中常见的止回阀有普通止回阀和液控止回阀两种。

①普通止回阀。普通止回阀的作用是只允许油液沿一个方向流动,不允许油液反向倒流(起止回作用)。普通止回阀主要由阀体、阀芯及弹簧组成。止回阀正向导通时,压力损失小;反向截止时,密封性好,如图4-19所示。

②液控止回阀。它与普通止回阀的区别是,在一定的控制条件下,液体可以反向流通。职能符号如图4-20所示。

(2)换向阀。换向阀是利用阀芯相对于阀体之间的相对位置的改变,而使油路接通、关断,或改变油流的方向,从而使液压执行元件起动、停止或变换运动方向,如图4-21所示。

液压阀的工作原理

①对换向阀的性能要求。油液导通时压力损失要小;油液断开时泄漏要小;阀芯换位时

操纵力要小。

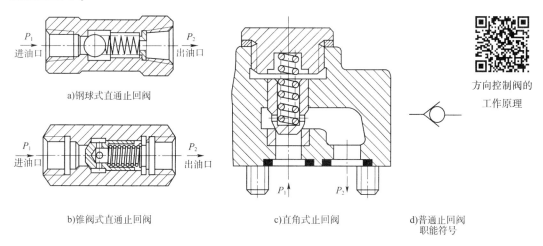

a)钢球式直通止回阀

b)锥阀式直通止回阀

c)直角式止回阀

d)普通止回阀职能符号

图 4-19 普通止回阀及职能符号图

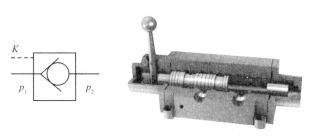

图 4-20 职能符号　　图 4-21 换向阀

②按照换向阀的结构、操纵方式、工作位置和通路数,可以分为不同的种类,见表 4-3。其中,滑阀式换向阀在工程机械中应用最多。

换向阀的分类　　　　　　　　　　　　　表 4-3

分类方法	类型
按阀的工作位置数	二位、三位、四位等
按阀的控制通路	二通、三通、四通、五通等
按阀的操纵方式	手动、机动(也称行程)、气动电磁、液控、电液控等
按阀的结构形式	滑阀式、转阀式等

③滑阀式换向阀的换向原理。滑阀式换向阀是利用阀芯在阀体内做轴向滑动来实现换向作用的。如图 4-22 所示,滑阀阀芯是一个具有多段环形槽的圆柱体(图示阀芯有 3 个台肩,阀体孔内有 5 个沉隔槽),每条槽都通过相应的孔道与外部相通,其中 p 口为进油口,T 口为回油口,A 口和 B 口通向执行元件的两个腔。当阀芯处于图 4-22b)所示位置时,四个油口互不相通,液压缸的两个腔室不通压力油,处于停机状态。若使换向阀的阀芯右移,如图 4-22a)所示,阀体上的油口 P 与 A 相通、B 口和 T 相通,压力油通过 P 口、A 油口进入液压缸的左腔,活塞右移,液压缸右腔的油液经过 B、T 油口流回油箱。反之,若使阀芯左移,如图 4-22c)所示,油口 P 和 B 相通、A 和 T 相通,使活塞左移。

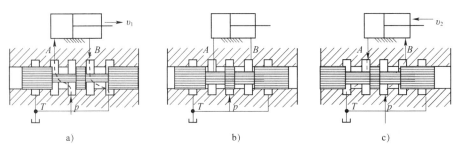

图 4-22 滑阀式换向阀的换向原理

④滑阀式换向阀的分类及图形符号。按照阀芯在阀体内的工作位置数和换向阀所控制的油口通路数分,换向阀有二位二通、二位三通、二位四通、二位五通等类型,其图形符号见表 4-4。

常用换向阀的结构原理和图形符号　　　　　　表 4-4

名称	结构原理图	图形符号	使用场合	
二位二通阀			控制油路的接通与切断（相当于一个开关）	
二位三通阀			控制液流方向（从一个方向变换成另一个方向）	
二位四通阀			不能使执行元件在任一位置处停止运动	控制执行元件换向 / 执行元件正反运动时回油方式相同
三位四通阀			能使执行元件在任一位置处停止运动	
二位五通阀			不能使执行元件在任一位置处停止运动	执行元件正反向运动时可以得到不同的回油方式
三位五通阀			能使执行元件在任一位置处停止运动	

表 4-4 中图形符号的含义如下:

a. 方框表示阀的工作位置,换向阀有几个工作位置就有几个方框(位数),这就是换向阀的"位"。

b. 靠近弹簧的方框为二位阀的常态位置,三位滑阀中间方框为常态位置。常态位置为换向阀的"中位机能"。

c. 方框内的箭头表示在这一位置上油路处于接通状态。

d. 方框的箭头首尾或堵塞符号与方框的交点表示阀的解出通路,交点为通路数。这就是换向阀的"通"。

e. 一般换向阀的进油口用 P 表示,回油口用 T 或 O 表示,换向阀与执行元件相连的油口用 A、B 表示,L 为卸油口。

⑤三位四通换向阀的中位机能。三位四通换向阀的阀芯位于中间位置时(即常态位置),其油口 P、A、B、T 间的通路有各种不同的连接方式,以适应各种不同的工作要求。这种常态内部通路形式称为滑阀机能或"中位机能"。常见的三位四通换向阀的滑阀机能及作用见表4-5。

常见的三位四通换向阀的滑阀机能及作用　　　　　表4-5

代号	名称	结构简图	图形符号	特点
O	中间封闭			各油路全封闭,液压泵保压,执行元件闭锁,可用于多个换向阀的并联工作
H	中间开启			各油路全连通,液压泵卸荷,执行元件处于浮动状态
Y	ABT 连通			液压泵保压,执行元件两腔与回油连通
P	PAB 连通			压力油与执行元件两腔连通,可组成差动回路
K	PAT 连通			压力油与执行元件一腔及回油连通,另一腔封闭,液压泵卸荷,执行元件处于闭锁状态

续上表

代号	名称	结构简图	图形符号	特点
J	BT 连通			液压泵保压,执行元件一腔封闭,另一腔与回油连通
M	PT 连通			液压泵卸荷,执行元件两腔封闭,也可用多个 M 型换向阀并联工作

⑥按照阀芯换位的控制方式。换向阀可以分为手动式、机动式、电磁式、弹簧控制和液压式等类型,如图 4-23 所示。

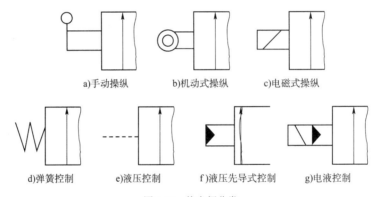

a)手动操纵   b)机动式操纵   c)电磁式操纵

d)弹簧控制   e)液压控制   f)液压先导式控制   g)电液控制

图 4-23 换向阀分类

二、简单方向控制回路

在液压系统中,控制执行元件的起动、停止和换向,并且能在换向过程中平稳准确地制动、锁紧的回路,称为方向控制回路。常见的方向控制回路有锁紧回路和换向回路。

1. 锁紧回路

锁紧回路的作用是防止液压缸在停止运动时因为外力的作用而发生窜动或位移。例如汽车起重机的动臂和伸缩臂,在工作中一直受到外负荷与自重的作用,故始终存在着由于系统液压油渗漏造成的自行落臂与缩臂的危险,此时就需要采用锁紧回路;又如轮胎起重机的液压支腿以及液压操纵离合器中,为了防止因为液压油渗漏造成的"软腿"和离合器"松脱"现象,也需要采用锁紧回路。

锁紧回路的原理就是将执行元件的进、回油路封闭。

图 4-24 所示为换向阀锁紧回路,它是利用三位四通换向阀的中位机能(O 形或 M 形),使活塞在行程范围内的任意位置上停止运动并锁紧。但是由于滑阀式换向阀的泄漏,这种

锁紧回路能保持元件的锁紧时间不长,锁紧效果较差。

2. 换向回路

换向回路的功能是改变执行元件的运动方向。采用换向阀或改变变量泵的输油方向都可以使执行元件换向。

电磁换向阀的换向回路应用最为广泛,尤其在自动化程度要求较高的组合机床液压系统中被普遍采用。图4-25所示为限位开关控制电磁阀动作的换向回路。液压缸启动向右运动,当到限位开关2时,电磁铁2YA通电,换向阀切换到右端工作位置,压力油进入液压缸右腔,活塞向左运动,碰到限位阀1时,电磁铁2YA断电而1YA通电,换向阀切换到左端工作位置,压力油进入液压缸左腔,活塞向右运动,这样进行往复循环自动换向。

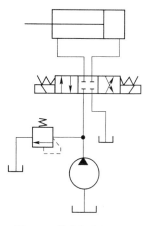

图4-24 换向阀锁紧回路

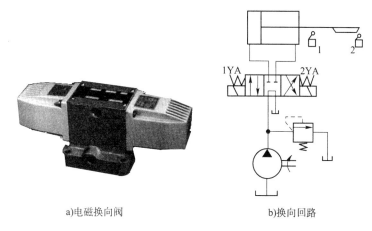

a)电磁换向阀　　　　　b)换向回路

图4-25 限位开关控制电磁阀动作的换向回路
1-限位阀;2-限位开关

对于流量较大和换向平稳性要求较高的场合,电磁换向阀的换向回路已不能适应上述要求,往往采用手动换向阀或机动换向阀作先导阀,而以液动换向阀为主阀的换向回路,或者采用电控液动换向阀的换向回路。

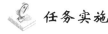

任务实施

一、任务准备

1. 组织方式

(1)场地设施:智慧教室。

(2)工具:纸、笔、工作页。

(3)实施方式:将学生6~8人分为一组进行分组讨论。每组派出代表进行汇报,教师指导点评。

2. 操作要求

（1）指导教师严格限制讨论时间，小组分工要明确。

（2）分析和表述问题逻辑清晰。

（3）遵守秩序，注意安全。

二、操作步骤

（1）齿轮泵的拆装。

要求：能指出各零件的名称，分辨齿轮泵的进出油口，观察轴套的构造。

（2）用液压课程教具搭建换向阀锁紧回路。

三、任务测评

任务测评表见表4-6。

任务测评表　　　　　　　　　　　　　　　　　表4-6

班级		姓名		日期		自评	互评	教师
1.能正确解答基础知识								
2.能正确搭建换向阀锁紧回路								
3.能正确拆卸齿轮泵								
4.在完成任务时,按照操作规程做到安全文明								
个人总结								
总体评价					教师签名			

 任务小结

（1）液压泵是依靠密封容积变化的原理来进行工作的，故一般称为容积式液压泵。

（2）液压泵：按照输出能量是否可以调节，可分为定量泵和变量泵。

按照结构形式可以分为齿轮泵、叶片泵和柱塞泵。

按照输油方向能否改变，可以分为单向泵和双向泵。

按照使用压力，可以分为低压泵、中压泵、中高压泵和高压泵。

（3）液压缸也称为油缸，是液压传动系统的执行元件之一，是将液压油的液压能转换为机械能而输出。

（4）液压缸结构简单、工作可靠，可与杠杆、连杆、齿轮、齿条棘轮及凸轮等配合实现多种机械运动，是液压系统中应用最多的执行元件。

（5）液压控制阀是通过控制和调节液压系统中液体的流动方向、压力和流量，以满足执行元件所需要的启动、停止、运动方向、力或力矩、速度或转速等动作顺序的变化，限制和调节液压系统的工作压力，防止过载等要求，从而使系统按照指定要求协调地工作。

习题

一、判断题

1. 液压机构中液压缸、液压马达等都是执行元件。（　　）
2. 按操纵机构不同,滑阀式换向阀可分为手动、电磁和机动等控制阀。（　　）
3. 止回阀、换向阀和压力表开关都属于方向控制阀。（　　）
4. 大型、高速或要求高的液压缸,必须设置缓冲装置。（　　）
5. 液压传动适合于传动比要求严格的场合。（　　）
6. 手动换向阀是用手动杆操纵阀芯换位的换向阀,分弹簧自动复位和弹簧钢珠定位两种。（　　）
7. 一般情况下,进入油缸的油压力要低于油泵的输出压力。（　　）
8. 单作用泵如果反接就可以成为双作用泵。（　　）

二、选择题

1. 三位四通换向阀图形符号有(　　)个方框。
   A. 1　　　　　B. 2　　　　　C. 3　　　　　D. 4
2. 运转平稳、噪声小,油压较高的定量液压泵最可能是(　　)。
   A. 齿轮泵　　　B. 叶片泵　　　C. 柱塞泵　　　D. 涡轮泵
3. 容积效率高、工作压力高、结构复杂的变量液压泵是(　　)。
   A. 齿轮泵　　　B. 叶片泵　　　C. 柱塞泵　　　D. 涡轮泵
4. 符号是 (　　) 的是(　　)。
   A. 两位两通换向阀　　　　　B. 两位三通换向阀
   C. 两位四通换向阀　　　　　D. 三位四通换向阀
5. 液压缸运动速度的大小取决于(　　)。
   A. 流量　　　　　　　　　　B. 压力
   C. 流量和压力　　　　　　　D. 温度
6. 液压传动是依靠密封容积中液体静压力来传递力的,如(　　)。
   A. 万吨水压机　B. 离心式水泵　C. 水轮机　　　D. 液压变矩器
7. 液压泵的工作压力取决于(　　)。
   A. 功率　　　　B. 流量　　　　C. 效率　　　　D. 负载
8. 在液压传动中,液压缸的(　　)决定于流量。
   A. 压力　　　　B. 负载　　　　C. 速度　　　　D. 排量

三、简答题

1. 简述叶片泵的特点。

2. 换向阀在液压系统中起什么作用？通常有哪些类型？

3. 什么是换向阀的"位"与"通"？

4. 什么是换向阀的"滑阀机能"？

四、绘图题
绘出下列名称的阀的图形符号。
1. 止回阀

2. 二位二通常断型电磁换向阀

3. 三位四通常弹簧复位"H"形电磁换向阀

4. 单向变量泵

5. 双向定量泵

6. 单活塞液压缸

学习任务3　简单压力控制回路的连接

任务描述

为了确保汽车发动机润滑和燃油供给,系统提供的油液流量必定要大于所需量。这也使系统的压力会过高,而压力过高是很不安全的。那么,系统如何解决这个问题呢?

任务目标

1. 能描述常用的压力控制阀作用。
2. 能搭建简单压力控制回路。
3. 能自觉弘扬劳动精神、奋斗精神、奉献精神。

建议学时:4 学时。

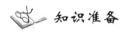

知识准备

一、压力控制阀

通过控制液压系统压力变化作为信号来控制其他元件动作的阀类称为压力控制阀。压力控制阀利用阀芯上的液压力和弹簧力保持平衡来进行工作。根据用途不同,常用的有溢流阀、顺序阀、减压阀和压力继电器等。

1. 溢流阀

溢流阀有多种用途,主要是在溢流的同时使液压泵的供油压力得到调整并保持基本恒定,按照工作原理溢流阀分为直动式和先导式两种。一般前者用于低压系统,后者用于中、高压系统。液压系统对溢流阀的性能要求是:定压精度要高;灵敏度要高;工作要平稳,且无振动和噪声;当溢流阀关闭时,密封要好,泄漏要少。

1)直动式溢流阀

直动式溢流阀是依靠系统中的压力油直接作用在阀芯上与弹簧力平衡,以控制阀芯的启闭动作。图 4-26 所示是一种低压直动式溢流阀,P 是进油口,T 是回油口,进油口内的压力油经过阀芯 3 中间的阻尼孔 a 作用在阀芯的底部端面上。当进油压力较小时,阀芯在弹簧 2 的作用下处于下端位置,将 P 和 T 两油口隔开。当进油压力升高时,在阀芯下端产生的作用力超过弹簧的压紧力,阀芯上升,阀口被打开,将多余的油液排回油箱。阀芯上的阻尼孔 a 用来对阀芯产生阻尼,以提高阀的工作平稳性。调整螺母 1 可以改变弹簧的预紧力,这样也就调整了溢流阀进口处的油液压力 p。

2)先导式溢流阀

直动式溢流阀常用于小流量系统,大流量系统则采用先导式溢流阀。先导式溢流阀的常见结构如图 4-27 所示,主要由先导阀 1 和主阀芯 6 两部分组成。

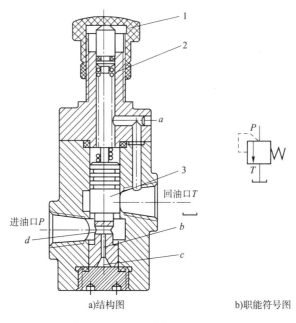

图 4-26 直动式溢流阀的结构及符号
1-调整螺母;2-弹簧;3-阀芯

溢流阀的工作原理

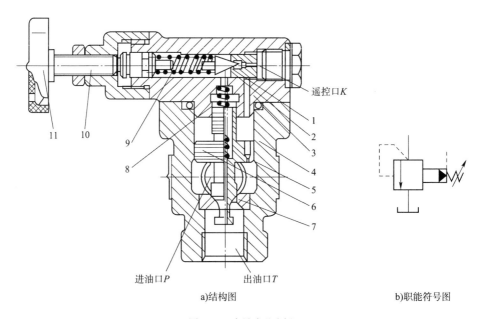

图 4-27 先导式溢流阀
1-先导阀;2-先导阀座;3-阀盖;4-阀体;5-阻尼孔;6-主阀芯;7-主阀座;8-主阀稳压弹簧;9-调压弹簧(先导弹簧);10-调压螺钉;11-调压手轮

2. 顺序阀

顺序阀是一种以压力为控制信号来实现油路的自动接通或断开的液压阀,用来控制液压系统中各执行元件动作的先后顺序,它一般不控制系统压力。

顺序阀按照调压方式不同可以分为直控式顺序阀和液控式顺序阀。直控式顺序阀直接利用阀的进口压力控制阀的启闭,可以简称"顺序阀";液控式顺序阀利用外来的压力油控制阀的启闭,所以又称"外控式顺序阀"。

图4-28所示为先导式顺序阀的结构及符号。先导式顺序阀主要由主阀和先导阀两部分组成。压力油从进油口 P_1 进入,经通道进入先导阀下端,流经阻尼孔和先导阀之后,经过外泄油口 L 流回油箱。当进口压力小于调定的压力时,先导阀关闭,主阀芯两端压力相等,复位弹簧将阀芯推向下端,顺序阀关闭;当压力达到调定的数值时,先导阀打开,压力油经过阻尼孔时产生压力损失,在主阀芯两端形成压力差,当这个压力差数值大于弹簧力时,使主阀芯抬起,顺序阀打开。调整弹簧的预紧力,就能够调节打开顺序阀所需要的压力。

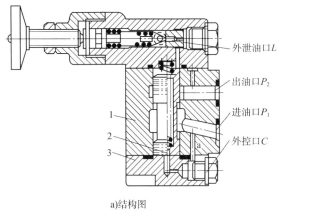

a) 结构图　　　　　　　　　b) 职能符号图

图4-28　先导式顺序阀的结构及符号
1-阀体;2-阻尼孔;3-阀盖

顺序阀的工作原理

3. 减压阀

减压阀是利用液流流经缝隙产生压力降的原理,使出口压力低于进口压力的压力阀,主要用于要求某一支路压力低于主油路压力的场合。按照控制压力情况不同,减压阀可以分为出口压力为定值的定值减压阀(又称"定压减压阀"),进口和出口压力比值为定值的定比减压阀,以及进口压力和出口压力差值为定值的定压减压阀。

定值减压阀出口压力保持恒定,并且不受进口压力和流量变化的影响,所以应用比较广泛,它又分为直动式和先导式两种。其中后者应用较多。

图4-29所示是先导式减压阀的结构及符号。先导式减压阀由先导阀调压,主阀减压。进口压力 p_1 经减压口减压后变为 p_2(即出口压力),出口压力油通过阀体6的下部和端盖8上的通道进入主阀7下腔,再经主阀上的阻尼孔9进入主阀上腔和先导阀的前腔,然后通过主阀座4中的孔,作用在锥阀3上。当出口压力值低于调定的压力值时,先导阀口关闭,阻尼孔中没有液体流动,主阀上下两端的油压力相等,主阀在弹簧力的作用下处于最下端位置,减压口全开,不起减压作用。当出口压力超过调定的压力时,出油口部分液体经阻尼孔、先导阀口和阀盖5上的泄油口 L 流回油箱。

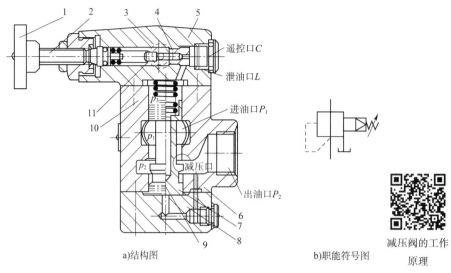

a) 结构图　　　　　b) 职能符号图　　减压阀的工作原理

图 4-29　先导式减压阀的结构及符号

1-调压手轮;2-调节螺钉;3-锥阀;4-主阀座;5-阀盖;6-阀体;7-主阀;8-端盖;9-阻尼孔;10-主阀弹簧;11-调压弹簧

由于阻尼孔中有液体流动,使主阀的上下腔室产生压差,当此压差所产生的作用力大于主阀弹簧力时,主阀将上移,使减压口关小,减压作用增强,直至出口压力 p_2 稳定在先导阀所调定的压力值。如果外来干扰使 p_1 升高(如流量瞬时增大),则 p_2 也升高,使主阀上移,减压口减小,p_2 又降低,使主阀芯在新的位置上处于受力平衡,而出口压力 p_2 基本维持不变。

在减压阀出口油路的油液不再流动的情况下(如所连的夹紧支路油缸运动到终点后),由于先导阀泄油仍未停止,减压口仍有油液流动,减压阀就仍然处于工作状态,出口压力也就保持调定的数值不变。

调节调压弹簧的预紧力就可以调节阀的出口压力。

表 4-7 概括了压力阀、顺序阀、减压阀的结构及工作原理。

压力阀、顺序阀、减压阀的结构及工作原理对比　　　　表 4-7

项目	溢流阀	顺序阀	减压阀
出油口情况	进口压力控制恒定,出油口与油箱相连	与执行元件相连	出口油压力为定值,出口与减压回路相连
泄漏形式	内泄式	外泄式	外泄式
状态	常闭	常闭	常开
在系统中的连接方式	与主油路并联;阀出口直接连接油箱	并联在主油路上;阀的出口连接工作系统	串联在油路中,出口油液通执行元件
作用	限压、保压、稳压	不控制回路的压力,只控制回路的通断	减压、稳压
工作原理	利用控制压力与弹簧力相平衡的原理,通过改变滑阀开口大小来控制系统压力		
结构	结构基本相同,只是泄油的通路不同		

4. 压力继电器

压力继电器是当液流压力达到预定值时使电接点动作的元件,也就是说,是将压力转换成电信号的液压元件,它可以通过油压控制有关电磁开关,从而实现程序控制和安全保护。

压力继电器分为柱塞式与薄膜式,它们的工作原理基本相同,都是利用油压控制开关动作。图4-30所示是柱塞式压力继电器的结构及职能符号。压力油作用在柱塞上,使柱塞顶在弹簧座上,只要压力大于弹簧的弹力就会推动柱塞、弹簧座向上移动,并且通过弹簧座将移动传递到微动开关,使微动开关的触电闭合或断开,发出电信号。调整调节螺钉就可以调节弹簧的预紧力,即可以调节发出电信号时的油压值。

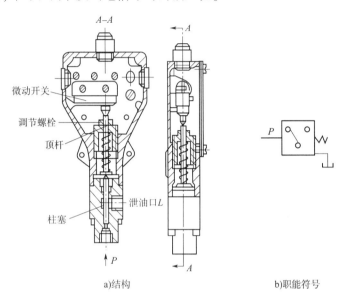

压力继电器的工作原理

图 4-30 柱塞式压力继电器结构及职能符号

二、压力控制回路

压力控制回路是利用压力控制阀来控制系统或系统某一支路的压力,以满足执行元件对力或力矩的要求。利用压力控制回路可实现对系统进行调压(稳压)、减压、增压、卸荷、保压与平衡等各种控制。

1. 调压回路

调压回路是利用溢流阀的溢流保压作用或限压作用使系统整体或某一支路的压力保持恒定或超过某个值。

在定量泵系统中,液压泵的供油压力可以通过溢流阀来调节;在变量泵系统中,用安全阀来限制系统的最高压力时,防止系统过载;当系统在不同的工作时间内需要有不同的工作压力时,可采用二级或多级调压回路。

1)单级调压回路

单级调压回路用于调定系统中的最高工作压力,使其不超过某一预先调定的数值。它由液压泵和溢流阀等部件组成。

如图4-31所示,通过液压泵1和溢流阀2的并联连接,即可组成单级调压回路。通过调节溢流阀的压力,可以改变泵的输出压力。当溢流阀的调定压力确定后,液压泵就在溢流阀的调定压力下工作,从而实现了对液压系统进行调压和稳压控制。如果将液压泵1改换为变量泵,这时溢流阀将作为安全阀来使用,液压泵的工作压力低于溢流阀的调定压力,这时溢流阀不工作,当系统出现故障,液压泵的工作压力上升时,一旦压力达到溢流阀的调定压力,溢流阀将开启,并将液压泵的工作压力限制在溢流阀的调定压力下,使液压系统不致因压力过载而受到破坏,从而保护了液压系统。

2)二级调压回路

某些液压系统(如压力机、塑料注射机等液压系统)在工作过程中的不同阶段往往需要不同的工作压力,这时就应该采用多级调压回路。

图4-32所示为一个二级调压回路,此图为用于压力机的调压回路实例。液压缸1的活塞下降为工作行程,其压力由高压溢流阀4调节;活塞上升为非工作行程,其压力由低压溢流阀3调节,且只需要克服运动部件自身的质量和摩擦阻力即可。溢流阀3、4的规格都必须按照液压泵最大供油量来选择。

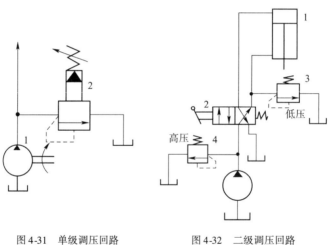

图4-31 单级调压回路　　　　　图4-32 二级调压回路
1—液压泵;2—溢流阀　　　　　1—液压缸;2—换向阀;3、4—溢流阀

2. 减压回路

当液压系统中液压泵的输出压力是高压而局部回路或支路要求低压时,可以采用减压回路,如机床液压系统中的定位、夹紧回路或液压元件的控制油路等,它们往往要求有比主油路较低的压力。减压回路较为简单,一般是在所需低压的支路上串接减压阀。采用减压回路虽能方便地获得某支路稳定的低压,但压力油经减压阀口时要产生压力损失。

常见的减压回路是通过定值减压阀与主油路相连,如图4-33a)所示。液压泵的供油压力根据回路上负载的大小,由溢流阀来调节,支路回路所需的低压油由上面减压阀来调节回路中的止回阀为主油路压力降低(低于减压阀调整压力)时防止油液倒流,起到短时保压作用。

减压回路中也可以采用类似两级或多级调压的方法获得两级或多级减压。图 4-33b)所示为利用先导型减压阀 1 的远控口连接一远控溢流阀 2,则可由减压阀 1、溢流阀 2 各调得一种低压。但要注意,溢流阀 2 的调定压力值一定要低于减压阀 1 的调定减压值。

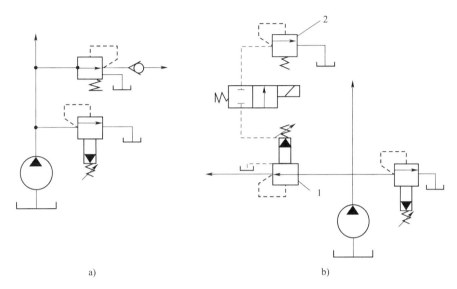

图 4-33 减压回路
1-减压阀;2-溢流阀

3. 增压回路

如果系统或系统的某一支油路需要压力较高但压力油的流量又不大,而采用高压泵又不经济,或者根本就没有必要增设高压力的液压泵时,就常采用增压回路,这样不仅易于选择液压泵,而且系统工作较可靠,噪声小。增压回路中提高压力的主要元件是增压缸或增压器。

图 4-34 所示为利用增压缸的单作用增压回路。它适用于单相作用力大、行程小、作业时间短的场合,如制动器、离合器等。其工作原理如下:当换向阀处于右侧位置时,增压器 1 输出压力为 $p_2 = p_1 A_1 / A_2$ 的压力油进入工作缸 2;当换向阀处于左位时,工作缸 2 靠弹簧力回程,高位油箱 3 的油液在大气压力作用下经过油管顶开止回阀向增压器 1 右腔补油。该回路的缺点是不能得到连续的高压油。

4. 卸荷回路

在液压回路工作循环中,当液压系统执行机构不工作时,使液压泵在无负荷情况下运转,这就是卸荷。由各种液压元件组成,能够实现卸荷的回路称为卸荷回路。卸荷会降低功率损耗,减少系统发热,延长液压泵和电动机的使用寿命。

图 4-35 所示为三位换向阀式的卸荷回路,当滑阀中位机能为 M、H 和 K 型的三位换向阀处于中位时,液压泵可以通过换向阀连通油箱,使油泵的出油口直接连通油箱,液压泵就可以卸荷。这种卸荷方式最简单,但只适用于执行元件系统和流量较小的场合。回路切换时压力冲击较大。

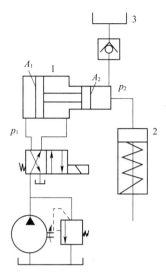
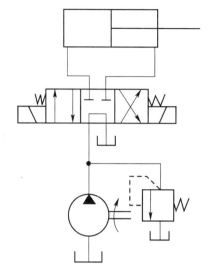

图 4-34　单作用增压回路
1-增压器；2-工作缸；3-油箱

图 4-35　M 型中位机能的电磁换向阀卸荷回路

任务实施

一、任务准备

1. 组织方式

(1) 场地设施：智慧教室。
(2) 工具：纸、笔、工作页。
(3) 实施方式：将学生 6~8 人分为一组进行分组讨论。每组派出代表进行汇报，教师指导点评。

2. 操作要求

(1) 指导教师严格限制讨论时间，小组分工要明确。
(2) 分析和表述问题逻辑清晰。
(3) 遵守秩序，注意安全。

二、操作步骤

(1) 绘制单级调压回路液压传动图，并完成单级调压回路的连接（图 4-36）。
(2) 液压课程教具搭建。绘制三位换向阀式的卸荷回路传动图，并完成三位换向阀式的卸荷回路的连接。

三、任务测评

任务测评表见表 4-8。

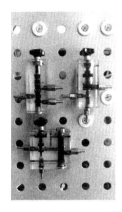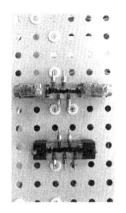

图 4-36 单级调压回路的连接

任务测评表　　　　表 4-8

班级		姓名		日期		自评	互评	教师
1. 能正确解答基础知识								
2. 能正确连接单级调压回路								
3. 能正确连接三位换向阀式的卸荷回路								
4. 在完成任务时,按照操作规程做到安全文明								

个人总结

总体评价		教师签名	

 任务小结

（1）控制液压系统压力变化作为信号来控制其他元件动作的阀类称为压力控制阀。

（2）根据用途不同,常用的有溢流阀、减压阀、顺序阀和压力继电器等。

（3）溢流阀:进口压力控制恒定,出油口与油箱相连。

（4）减压阀:出口油压力为定值,出口与减压回路相连。

（5）调压回路是利用溢流阀的溢流保压作用或限压作用使系统整体或某一支路的压力保持恒定或超过某个值。

（6）当液压系统中液压泵的输出压力是高压而局部回路或支路要求低压时,可以采用减压回路。

（7）如果系统或系统的某一支油路需要压力较高但压力油的流量又不大时,就常采用增压回路。

（8）在液压回路工作循环中,当液压系统执行机构不工作时,使液压泵在无负荷情况下运转,这就是卸荷。能够实现卸荷的回路称为卸荷回路。

习题

一、判断题

1. 齿轮泵都是定量泵。 （　）
2. 活塞缸可以实现执行元件的直线运动。 （　）
3. 液压马达和液压泵只是叫法不同,其工作原理是相同的。 （　）
4. 间隙密封效果好,用于尺寸较小、压力和速度较低的液压缸与活塞的密封。 （　）
5. 溢流阀是压力控制阀,一般安装在液压泵的出口处。 （　）
6. 压力控制阀基本特点都是利用油液的压力和弹簧力相平衡的原理来进行工作的。 （　）
7. 液压传动系统中常用的压力控制阀是止回阀。 （　）
8. 减压阀的主要作用是使阀的出口压力低于进口压力且保证进口压力稳定。 （　）

二、选择题

1. 发动机润滑系中应用的溢流阀属于(　　)。
   A. 方向控制阀　　　　　　　　　B. 压力控制阀
   C. 流量控制阀　　　　　　　　　D. 速度控制阀
2. 保证液压泵正常工作,不必满足的条件是(　　)。
   A. 吸油和压油必须同时进行　　　B. 使油箱和大气相通,保证能够吸油
   C. 具备密封工作容积,并且能不断变化　D. 要有配流装置
3. 对油液污染敏感的液压泵是(　　)。
   A. 齿轮泵和叶片泵　　　　　　　B. 叶片泵和柱塞泵
   C. 柱塞泵和齿轮泵　　　　　　　D. 人力轴向活塞泵和齿轮泵
4. 符号是　　　　代表(　　)。
   A. 减压阀　　　　　　　　　　　B. 溢流阀
   C. 止回阀　　　　　　　　　　　D. 压力继电器
5. 在汽车维修厂通常用的剪式液压举升机,液压缸是(　　)。
   A. 齿轮式　　　B. 叶片式　　　C. 柱塞式　　　D. 活塞式
6. 溢流阀的作用是配合泵等,溢出系统中的多余的油液,使系统保持一定的(　　)。
   A. 压力　　　　B. 流量　　　　C. 流向　　　　D. 清洁度
7. 要降低液压系统中某一部分的压力时,一般系统中要配置(　　)。
   A. 溢流阀　　　B. 减压阀　　　C. 节流阀　　　D. 止回阀
8. 卸荷回路(　　)。
   A. 可节省动力消耗,减少系统发热,延长液压泵寿命
   B. 可使液压系统获得较低的工作压力
   C. 不能用换向阀实现卸荷
   D. 只能用滑阀机能为中间开启型的换向阀

三、简答题

1. 比较溢流阀、减压阀、顺序阀的异同点。

2. 压力控制阀的概念是什么？常用的有哪些种类？

3. 常用的压力控制回路有哪些？

4. 如图所示,溢流阀的调定压力为4MPa,若阀芯阻尼小孔造成的损失不计,试判断下列情况下压力表读数各为多少？

(1) Y 断电,负载为无限大时；

(2) Y 断电,负载压力为2MPa 时；

(3) Y 通电,负载压力为2MPa 时。

学习任务4　简单速度控制回路的连接

任务描述

许多液压设备中,要求执行元件的运动速度是可以调节的,如组合机床中的动力滑台有快进与工进动作,甚至有几个不同的工进速度。调速范围大是液压传动的优点之一。液压的辅助元件对系统的工作稳定性、可靠性、寿命都有直接影响。

任务目标

1. 能描述常用流量控制阀的作用。
2. 能描述常用的液压附件有几种。
3. 能搭建简单速度控制回路。
4. 能简单描述流量控制阀在汽车上的典型应用。
5. 能自觉弘扬劳动精神、奋斗精神、奉献精神。

建议学时:6学时。

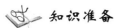 知识准备

一、流量控制阀及液压附件

流量控制阀简称流量阀,是液压系统中用于控制液体流量的阀,它通过改变节流口的流通面积或流通通道的长短来改变局部阻力的大小,来实现对流量的控制,进而改变执行元件的运动速度。常见的流量控制阀有节流阀、调速阀等。

1. 节流阀

图4-37所示为一种节流阀结构和符号。油液从进油口流入经节流口后,从阀的出油口流出。阀的阀芯3的锥台上开有三角形槽。转动调节手轮1,阀芯3产生轴向位移,节流口的开口量即发生变化。阀芯越上移开口量就越大,当节流阀的进出口压力差为定值时,改变节流口的开口量,即可改变流过节流阀的流量。

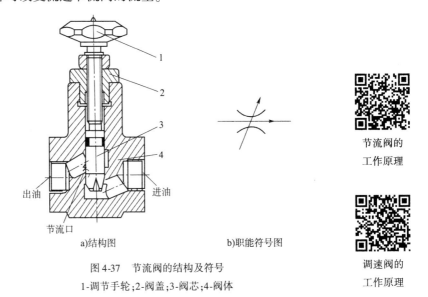

图4-37 节流阀的结构及符号
1-调节手轮;2-阀盖;3-阀芯;4-阀体

2. 调速阀

调速阀是由定差减压阀和节流阀串联而成的,其结构如图4-38所示。节流阀用来调节通过的流量,定差减压阀能使节流阀阀口前后的压力差自动保持不变,从而使通过节流阀的

流量不受负载变化的影响。

如图 4-38 所示,定差减压阀 1 与节流阀 2 串联,定差减压阀左右两腔也分别与节流阀前后端沟通。假设定差减压阀进口压力为 p_1,油液经减压阀节流口后降为 p_2,然后经节流阀节流口流出,其压力又降为 p_3 后进入液压缸。当出油口的压力 p_3 由于负载变化而增加时,作用在减压阀阀芯上端的力 F_s 也随之增加,减压阀阀芯下移,于是开口 y 增大,油液阻力减小使 p_2 也增大,直至阀芯在新的位置上得到平衡。反之 p_3 减小原理也一样。当进油口的压力 p_1 增加时,开始瞬间阀芯来不及运动,减压阀液阻力无变化,则 p_2 也增大,使定差减压阀阀芯失去平衡而上移,使开口 y 减小、油液阻力增加而使 p_2 减小,故 $p_2 - p_3$ 仍保持不变。因此,不管 p_1、p_3 怎么变化,由于液压阀可以调节液流阻力而使 $p_2 - p_3$ 始终不变,从而保持流量稳定。在调速阀阀体中,减压阀和节流阀一般为相互垂直安置。节流阀部分设有流量调节手轮,而减压阀部分可能附有行程限位器。

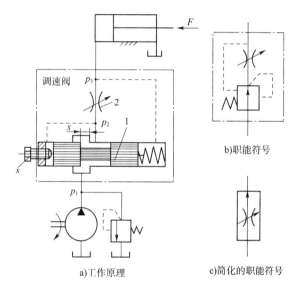

图 4-38 调速阀的结构与符号
1-减压阀;2-节流阀

调速阀的流量特性:在调速阀中,节流阀既是一个调压元件,又是一个检测元件。当调速阀的开口面积确定之后,它一方面能够控制流量大小,另一方面用于检测流量信号并将信号转换成阀口前、后的压力差,再反馈作用到定差减压阀的两端与弹簧力相比较。当检测到的压力差值偏离预定值时,定差减压阀的阀芯产生相应的位移,改变减压缝隙的大小以进行压力补偿,进而保证节流阀前后压力差值基本保持不变。

3. 液压附件

液压附件是液压系统的一个重要组成部分,包括油箱、储能器、滤清器、油管、压力表及密封件等。它们的合理选用及使用对整个液压系统的工作的可靠性、经济性都有着重要的作用。

1) 油箱

油箱是液压系统中用来储油、散热、沉淀和过滤液压油中的固体杂质、溢出渗入油中的空气的一个重要部件。对油箱的要求是具有足够的容积、足够的散热面积或散热措施,应该有合理的结构,方便清洗、加油、放油等。

油箱一般有整体式和分离式两种,整体式油箱利用主机的内腔室作为油箱,这种油箱结构紧凑,各处漏油易于回收,但增加了设计和制造的复杂性,维修不便,散热条件不好,且会使主机产生热变形。分离式油箱单独设置,与主机分开,减少了油箱发热和液压源振动对主机工作精度的影响,布置灵活,维修方便,因此得到了普遍的采用,特别在精密机械上。

2) 蓄能器

蓄能器是用于储存和释放液压能的装置,可以做辅助动力源或紧急动力源;可以保压和补充泄漏;可以吸收冲击和消除压力脉动。

按照储存能量的方式不同,蓄能器分为重锤式、弹簧式和充气式等多种形式。其中常用的有气压式中的活塞式和气囊式。

3) 滤清器

整个液压系统中安装了多个元件,为了使液压系统能够正常工作,必须保证液压油的清洁,否则会使元件堵塞或加剧磨损,影响其使用寿命。因此,滤清器(图4-39)的配置非常重要。

图 4-39　滤清器

4) 油管与管接头

管件是用来连接液压元件、输送液压油液的连接件。它应保证有足够的强度,没有泄漏,密封性能好,压力损失小,拆装方便。它包括油管和管接头。

常用油管有钢管、纯铜管、塑料管、尼龙管、橡胶软管。应根据液压装置工作条件和压力大小来选择油管。油管内径 d 的选取应以降低流速减少压力损失为前提;管壁厚 δ 不仅与工作压力有关,还与油管材料有关。

油管接头是油管与液压元件、油管与油管之间可拆卸的连接件。油管接头与其他液压元件用国家标准米制锥形螺纹和普通细牙螺纹来连接。常用的油管接头有扩口式、焊接式、卡套式、橡胶软管接头、快速接头。

5) 压力表

液压系统各工作点的压力可以通过压力表观测到,以便于调整和控制。压力表的种类很多,最常用的是弹簧管式压力表,如图4-40所示。

图 4-40　弹簧管式压力表

6) 密封件

密封按照密封件的耦合面之间有无相对运动可以分为动密封和静密封两大类；按照工作原理可以分为非接触式密封和接触式密封。接触式密封是指线密封和密封件密封，液压系统中常用的密封有 O 形密封圈、唇形密封圈、V 形密封圈等。

二、简单速度控制回路

许多液压设备中，要求执行元件的运动速度是可调节的，如组合机床中的动力滑台有快进与工进动作，甚至有几个不同的工进速度。常见的调速方法有节流调速。

节流调速的基本原理是调节回路中节流元件的液阻大小，配置分流支路，控制进入执行元件的流量，达到调速的目的。

节流阀、溢流阀等是节流调速的主要元件。当溢流阀工作压力调定，液体通过时的液阻基本恒定，用作分流元件时组成定压式调速回路；液体流经节流阀的流量与压力降有关，用作分流元件时组成变压式节流调速回路。

1. 进油路节流阀节流调速

节流调速回路一般采用定量泵供油，基本特征是节流元件安装在执行元件的进油路上，即串联在定量泵和执行元件之间，采用溢流阀作为分流元件。图 4-41 所示的节流元件是节流阀。

溢流阀从开启压力到调定压力，变化较小，有定压的作用，在调速时，溢流阀一般处于溢流状态，调节节流阀开口大小，改变进入液压缸的流量达到调节液压缸活塞运动速度的目的。

2. 回油路节流阀节流调速

回油路节流阀节流调速回路，也是采用溢流阀座分流元件，单节流阀安装在执行元件的回油路上，图 4-42 所示是双杆液压缸回油路节流阀调速回路。进、回油路节流调速有相同的速度负载特性、功率和效率特性。

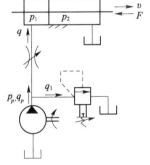

图 4-41　进油路节流调速回路

3. 旁油路节流阀节流调速

旁油路节流阀节流调速，其特征是采用节流元件分流，主油路中无节流元件。图 4-43 所示是节流阀旁油路节流调速回路，图中分流元件是节流阀，溢流阀起安全阀作用，在调速时关闭。

液压泵输出的压力取决于负载,负载变化将引起泵出口压力变化,故为变压式节流调速。

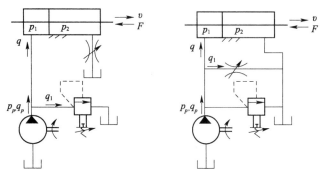

图 4-42　回油路节流阀调速回路　　图 4-43　旁油路节流阀调速回路

三、汽车上典型液压传动应用

典型的汽车防抱死制动系统(Antilock Brake System, ABS)如图 4-44 所示。

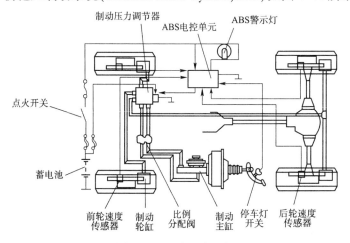

图 4-44　ABS 的基本组成

制动压力调节器串联在制动主缸和轮缸之间,通过电磁阀直接或间接地控制轮缸的制动压力。目前常用的循环式制动压力调节器是用电磁阀直接控制制动轮缸的制动压力的。它是在制动主缸和制动轮缸之间串联一个电磁阀,直接控制制动压力,如图 4-45 所示。

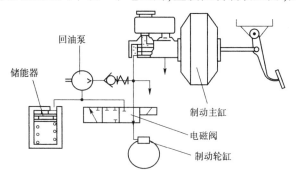

图 4-45　循环制动压力调节器基本结构

防抱死液压制动系统的工作原理

电磁阀在减压时,从制动轮缸流出的制动液由储能器暂时储存,然后经回油泵流回制动主缸。压力调节器系统的工作过程如下。

如图 4-46 所示,电磁阀不通电时,制动主缸与制动轮缸相通,由主缸来的制动液直接进入轮缸,轮缸压力随主缸压力的变化而变化。电磁阀处于升压位置,ABS 不工作,此为常规制动过程。

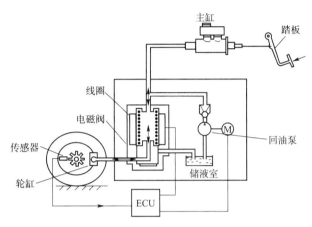

图 4-46 常规制动过程

如图 4-47 所示,当转速传感器发出某个车轮即将抱死滑拖的信号时,电控单元向电磁线圈输入一个较小的微弱电流,使电磁阀处于"保压"位置,关闭制动主缸与制动轮缸的通道,使该制动轮缸的压力不再增大,此即 ABS 制动过程中的保压状态。

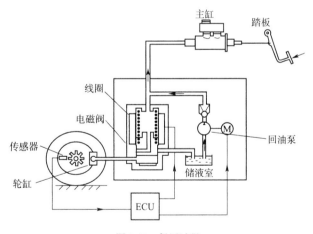

图 4-47 保压过程

如图 4-48 所示,若保压状态时电控单元判断出车轮仍趋于抱死滑拖状态,它即向电磁线圈发出命令,即输入一个大电流,使柱塞上移打开电磁阀处于"减压"位置,此时,该制动轮缸与储液室或储能器的通道相连通,使制动轮缸中的油压降低,此即 ABS 制动过程中的减压状态。同时,驱动电动机启动,带动液压泵工作,把流回液压油箱的制动液加压后输送到主缸,为下一个制动周期做准备。当压力下降太快时,电控单元便切断通往电磁阀的电流。

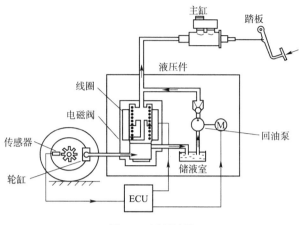

图 4-48 减压过程

如图 4-49 所示,再次进入增压过程。此时,主缸与制动轮缸再次连通,这样主缸中的液压油可以流入制动轮缸,使制动力再次升高。

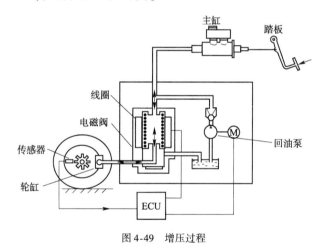

图 4-49 增压过程

制动时,上述过程反复进行,直到解除制动为止。

知识链接

简单分析自卸汽车的工作过程,如图 4-50 所示。

(1)分析"液压缸完成空位动作"时,自卸汽车的液压系统工作过程。当手动换向阀 5 处于最右端时,换向阀的中位职能为 H 型,这样液压缸 7 处于卸荷状态,车厢处于未举升状态(一般为运输水平状态)。

(2)分析"液压缸完成举升动作"时,自卸车的液压系统工作过程。液压缸完成举升动作时,换向阀处于最左位置,伸缩式液压缸下腔进油,车厢处于举升状态。

进油路:粗滤清器 2→液压泵 3→手动换向阀 5 最左端→液压缸 7 的下腔。

回油路:液压缸 7 上腔→手动换向阀 5 最左位→滤清器 9→油箱 1。

(3)分析"液压缸完成中停动作"时,自卸汽车的液压系统工作过程。此时,滑阀处于左二位,手动换向阀中位职能为 M 型,液压泵处于保压状态;A、B 均被截止,液压缸两腔油液被封住,液压缸被锁紧在最高位置。

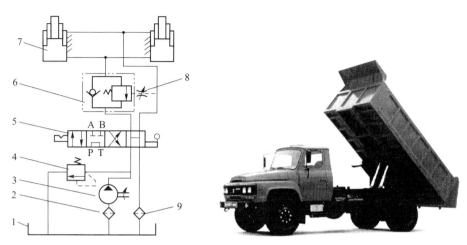

图 4-50　自卸汽车的液压系统原理图

1-油箱;2、9-粗滤器;3-液压泵;4-溢流阀;5-四位四通手动换向阀;6-平衡阀;7-伸缩式液压缸;8-节流阀

(4)分析"液压缸完成下降动作"时,自卸汽车的液压系统工作过程。此时,滑阀处于左三位,液压缸下腔回油,车厢处于下降状态。

进油路:粗滤器 2→液压泵 3→手动换向阀 5 左三位→液压缸 7 上腔。

回油路:液压缸 7 下腔→手动换向阀 6 左三位→粗滤器 9→油箱 1。

此时,液压缸 7 下降。当车厢降至原位置时,将滑阀移至最右位。

任务实施

一、任务准备

1. 组织方式

(1)场地设施:智慧教室。
(2)工具:纸、笔、工作页。
(3)实施方式:将学生 6~8 人分为一组进行分组讨论。每组派出代表进行汇报,教师指导点评。

2. 操作要求

(1)指导教师严格限制讨论时间,小组分工要明确。
(2)分析和表述问题逻辑清晰。
(3)遵守秩序,注意安全。

二、操作步骤

用液压课程教具搭建进油路节流调速回路,如图 4-51 所示。

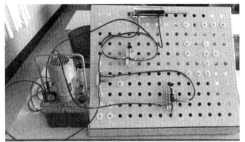

图 4-51　用液压课程教具搭建进油路节流调速回路

三、任务测评

任务测评表见表 4-9。

任务测评表　　　　　　　　　　　　　　　表 4-9

班级		姓名		日期		自评	互评	教师
1. 能正确解答基础知识								
2. 能正确搭建进油路节流调速回路								
3. 能正确描述液压附件								
4. 在完成任务时,按照操作规程做到安全文明								
个人总结								
总体评价						教师签名		

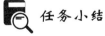 任务小结

（1）流量控制阀简称流量阀,是液压系统中用于控制液体流量的阀,它通过改变节流口的流通面积或流通通道的长短来改变局部阻力的大小,实现对流量的控制,进而改变执行元件的运动速度。

（2）常见的流量控制阀有节流阀、调速阀等。

(3)节流调速的基本原理是调节回路中节流元件的液阻大小,配置分流支路,控制进入执行元件的流量,达到调速的目的。

(4)液压附件是液压系统的一个重要组成部分,液压附件包括油箱、储能器、滤清器、油管、压力表及密封件等。

(5)蓄能器是用于储存和释放液压能的装置,可以做辅助动力源或紧急动力源,也可以保压和补充泄漏,还可以吸收冲击和消除压力脉动。

(6)应根据液压装置工作条件和压力大小来选择油管。油管内径 d 的选取应以降低流速减少压力损失为前提;管壁厚 δ 不仅与工作压力有关,还与油管材料有关。

习题

一、判断题

1. 常见的流量控制阀有节流阀、调速阀等。　　　　　　　　　　　　　　　(　　)
2. 液压附件包括油箱、储能器、滤清器、油管及压力表、密封件等。　　　　(　　)
3. 整个液压系统密封的,液压油很清洁,因此不必配置滤清装置。　　　　　(　　)
4. 油管内径 d 的选取应以降低流速减少压力损失为前提;管壁厚 δ 不仅与工作压力有关,还与管子材料有关。　　　　　　　　　　　　　　　　　　　　　　(　　)
5. 油箱是液压系统中用来储油、散热、沉淀和过滤液压油中的固体杂质、溢出渗入油中的空气的一个重要部件,所以油箱必须密封。　　　　　　　　　　　　　(　　)
6. 过滤器只能单向使用,即按规定的液流方向安装。　　　　　　　　　　　(　　)
7. 液体能承受压力,不能承受拉应力。　　　　　　　　　　　　　　　　　(　　)
8. 气囊式蓄能器应垂直安装,油口向下。　　　　　　　　　　　　　　　　(　　)

二、选择题

1. 汽车发动机燃烧室主要依靠(　　)。
   A. 间隙密封　　　　B. 活塞环密封　　　　C. 密封圈密封　　　　D. 密封垫密封
2. 汽车制动轮缸一般不设(　　)装置。
   A. 密封　　　　　　B. 排气　　　　　　　C. 防尘　　　　　　　D. 缓冲
3. 要实现快速运动,可以采用(　　)回路。
   A. 差动连接　　　　B. 调速阀调速　　　　C. 大流量泵供油　　　D. 节流阀控制油压
4. 减压阀工作时保持(　　)。
   A. 进口压力不变　　　　　　　　　　　　 B. 出口压力不变
   C. 进出口压力都不变　　　　　　　　　　 D. 进出口压力都不
5. 符号 ⋈ 代表(　　)。
   A. 减压阀　　　　　B. 溢流阀　　　　　　C. 止回阀　　　　　　D. 节流阀
6. 液体具有哪种性质?(　　)
   A. 无固定形状而只有一定体积　　　　　　 B. 无一定形状而只有固定体积
   C. 有固定形状和一定体积　　　　　　　　 D. 无固定形状又无一定体积

7. 在液压系统中,可用于液压执行元件速度控制的阀是( )。
   A. 顺序阀　　　　　B. 节流阀　　　　　C. 溢流阀　　　　　D. 换向阀
8. 流量控制阀是通过改变阀口( )来调节阀的流量的。
   A. 形状　　　　　　B. 压力　　　　　　C. 通流面积　　　　D. 压力差

三、简答题

1. 液压传动系统中实现流量控制的方式有哪几种?采用的关键元件是什么?

2. 调速阀为什么能够使执行机构的运动速度稳定?

3. 滤油器有哪些功用?一般应安装在什么位置?

4. 简述油箱以及油箱内隔板的功能。

5. 滤油器在选择时应注意哪些问题?

6. 密封装置有哪些类型?

参 考 文 献

[1] 徐钢涛,张建国.机械基础[M].北京:高等教育出版社,2017.
[2] 王希波.机械基础[M].北京:中国劳动社会保障出版社,2018.
[3] 何雪,李佳民,赵鹏媛,等.汽车机械基础[M].上海:上海交通大学出版社,2014.
[4] 公茂金,郝风伦.机械基础(微课视频版)[M].北京:机械工业出版社,2021.
[5] 金宏明,陈仁波,邹宇凌.汽车机械基础[M].北京:机械工业出版社,2014.
[6] 胡家秀.机械设计基础[M].3版.北京:机械工业出版社,2019.
[7] 周燕.汽车材料[M].3版.北京:人民交通出版社股份有限公司,2014.
[8] 卢晓春.汽车机械基础[M].北京:机械工业出版社,2020.
[9] 金旭星.汽车机械基础[M].3版.北京:人民邮电出版社,2020.
[10] 符旭.汽车材料[M].北京:机械工业出版社,2016.